PEDOFILIA

INÊS FERREIRA LEITE

Assistente Estagiária da Faculdade de Direito de Lisboa

PEDOFILIA

REPERCUSSÕES DAS NOVAS FORMAS DE CRIMINALIDADE
NA TEORIA GERAL DA INFRACÇÃO

ALMEDINA

TÍTULO:	PEDOFILIA
AUTOR:	INÊS FERREIRA LEITE
EDITOR:	LIVRARIA ALMEDINA – COIMBRA www.almedina.net
LIVRARIAS:	LIVRARIA ALMEDINA ARCO DE ALMEDINA, 15 TELEF.239 851900 FAX. 239 851901 3004-509 COIMBRA – PORTUGAL livraria@almedina.net LIVRARIA ALMEDINA ARRÁBIDA SHOPPING, LOJA 158 PRACETA HENRIQUE MOREIRA AFURADA 4400-475 V. N. GAIA – PORTUGAL arrabida@almedina.net LIVRARIA ALMEDINA – PORTO R. DE CEUTA, 79 TELEF. 22 2059773 FAX. 22 2039497 4050-191 PORTO – PORTUGAL porto@almedina.net EDIÇÕES GLOBO, LDA. RUA S. FILIPE NERY, 37-A (AO RATO) TELEF. 21 3857619 FAX: 21 3844661 1250-225 LISBOA – PORTUGAL globo@almedina.net LIVRARIA ALMEDINA ATRIUM SALDANHA LOJAS 71 A 74 PRAÇA DUQUE DE SALDANHA, 1 TELEF. 21 3712690 atrium@almedina.net LIVRARIA ALMEDINA – BRAGA CAMPUS DE GUALTAR UNIVERSIDADE DO MINHO 4700-320 BRAGA TELEF. 253 678 822 braga@almedina.net
EXECUÇÃO GRÁFICA:	G.C. – GRÁFICA DE COIMBRA, LDA. PALHEIRA – ASSAFARGE 3001-453 COIMBRA Email: producao@graficadecoimbra.pt MAIO, 2004
DEPÓSITO LEGAL:	211907/04

Toda a reprodução desta obra, por fotocópia ou outro qualquer processo, sem prévia autorização escrita do Editor, é ilícita e passível de procedimento judicial contra o infractor.

À minha filha Mariana

NOTA À 1.ª EDIÇÃO

O estudo que ora se dá a conhecer foi elaborado no âmbito do Curso de Mestrado em Ciências Jurídico-Criminais da Faculdade de Direito da Universidade de Lisboa, sob a coordenação da Professora Doutora Maria Fernanda Palma.

O texto que se publica foi alvo de profundas revisões, embora estas tenham assumido um carácter essencialmente formal. Sendo o primeiro trabalho que publico, tenho plena consciência que muitas outras alterações – e de carácter substancial - poderiam ser feitas em seu benefício. Mas julgo que a publicação de uma primeira obra tem sempre algo de impetuoso e arriscado.

Tenho consciência que a complexidade dos assuntos que pretendi abordar ultrapassa em larga medida as poucas palavras que lhes dediquei. Muitas das conclusões que aqui defendi mereciam uma justificação mais aprofundada, que, por razões de economia de exposição, não pude reflectir no texto final. Arrisco-me mesmo a dizer que muitos dos tópicos foram tratados de modo sintético. Mas só assim foi possível abordar os mais controversos temas relacionados com os crimes de pedofilia. Caso tivesse logrado transpor para o texto que ora se publica todas as reflexões que os temas aqui tratados me suscitaram, seria forçada a empreender uma empresa que ultrapassaria, em muito, o propósito de um mero relatório de Mestrado.

Síntese não é, contudo, sinónimo de irreflexão.

Perante a opção de não avançar por trilhos que se afiguravam como minoritários no panorama doutrinário e jurisprudencial, escolhi a singularidade de um trabalho que, mais do que descrever, se propõe a compreender juridicamente o problema da tutela da liberdade sexual dos menores. Optei por analisar alguns cenários mais complexos, sugerindo soluções que, apesar de (eventualmente) polémicas, entendo serem mais compatíveis com o respeito pelos diversos bens jurídicos em conflito. Elegi como princípio orientador do meu estudo (e como seu desígnio principal) a coerência.

Se constatarem que falhei, mais não poderei fazer que sujeitar-me às mais impiedosas (e justas) críticas.

Sem pretensão de restringir o debate em torno dos fenómenos sociais, mediáticos e clínicos associados à pedofilia, o presente estudo pretende levar a cabo uma reflexão séria, mas apelativa, ponderada, mas sentida, sobre as incriminações das condutas de cariz pedófilo. Num mundo em permanente crise de valores, a Comunidade espera da Universidade e dos seus cultores que expliquem e legitimem o Direito positivado, com recurso à razão e ao bom-senso jurídico. É que o Direito não passa de um "jogo de palavras", caso não seja acompanhado de uma forte legitimação social.

Espero apenas que as reflexões que adiante se tecem possam contribuir para a intensificação do debate jurídico sobre a incriminação da pedofilia, expurgando-o de considerações marginais de carácter moral ou mediático-sensacionalista. Espero ainda que a Comunidade possa evoluir no sentido de uma discussão serena e razoável sobre os diversos aspectos que têm sido descurados no debate público destas matérias, como sejam: a delimitação da liberdade sexual dos menores, a responsabilidade penal dos pais e tutores, o crime organizado, a divulgação de imagens ou sons por meios informáticos ou o cômputo da pena (por intermédio das regras do concurso e crime continuado), entre outros.

Qualquer trabalho de investigação implica, necessariamente, uma grande dose de solidão pessoal. Mas implica, igualmente, uma grande dose de partilha de dúvidas que só pode ser cultivada num ambiente de enorme Liberdade Académica, como sempre tem tido, ao longo dos anos, a Faculdade de Direito da Universidade de Lisboa. É, pois, em primeiro lugar, à Faculdade de Direito de Lisboa que agradeço.

Agradeço também aos Colegas de profissão que, em conjunto, constroem este ambiente de constante debate jurídico, bem como a todos os Professores, Assistentes e Assistentes-Estagiários com quem tive o enorme privilégio de trabalhar. Mais se impõe uma palavra reconhecida aos comentários sempre oportunos da Colega (e amiga) Dr.ª Helena Morão que, numa fase de conclusão do presente estudo, muito contribuiu para intensificar o debate dialéctico que fui forçada a travar.

Por fim, uma última palavra para quem acompanhou bem de perto a investigação, concepção e redacção do estudo que ora se traz a público: para a minha filha Mariana, que nasceu precisamente 16 dias após a conclusão e entrega do mesmo.

Lisboa, 17 de Março de 2004.

I. INTRODUÇÃO

1. Considerações iniciais

A mediatização dos processos judiciais relativos a práticas pedófilas despertou na opinião pública um interesse sem precedentes. É certo que as crianças eram já as principais vítimas da guerra, da fome e da inexistência de cuidados básicos de saúde, mas a transformação destas em meros objectos sexuais não deixou ninguém indiferente[1].

A divulgação, pela comunicação social, da extensão e das formas de actuação das redes pedófilas abalou a consciência social, provocando por vezes uma reacção legislativa intempestiva. Estudos elaborados antes dos acontecimentos mais recentes indicavam que o abuso sexual de crianças ocorria essencialmente em casa ou num ambiente familiar, sendo levado a cabo, em mais de 50% dos casos, por um agente conhecido da vítima[2].

---

[1] Salientando a importância da especial fragilidade da criança, que a transforma num alvo fácil, e portanto, apetecível: *"A agressão sexual, parte integrante das teorias do conflito social, é um reflexo da violência geral contra os elementos mais vulneráveis da população."*, J.M. BARRA DA COSTA e LURDES BARATA ALVES, "Perspectivas teóricas e investigação no domínio da delinquência sexual em Portugal", in *RPCC*, ano 9, n.º 2, 1999, Coimbra, p. 287.

[2] Assim, PINTO DA COSTA: *"A vitimologia ensina que a maior parte das vítimas de abusos sexuais está relacionada com alguém conhecido, quase sempre em casa da vítima e que quanto melhor é a informação mais adequadas serão as medidas de prevenção. Estes princípios referentes às mulheres, estendem-se aos menores."*, in J. PINTO DA COSTA, "Abuso sexual em menores", *Revista de Investigação Criminal*, n.º 34, 1990, Porto, p. 5. No mesmo sentido, vejam-se as Conclusões da Conferência Internacional que se debruçou sobre "A Investigação Criminal do Abuso Sexual de Menores", que teve lugar em Cascais entre 25 e 27 de Novembro de 2002, pág. 2. Sobre esta questão, veja-se ainda o que diz PAULO GUERRA, in AAVV, *Abuso sexual de menores. Uma conversa sobre Justiça entre o Direito e a Psicologia*, Almedina, Coimbra, 2002, p. 42.

As estatísticas relativas aos crimes sexuais praticados contra menores traçavam um cenário quase que familiar do abuso sexual de crianças. Os crimes eram praticados pelos próprios pais, por outros familiares próximos, por professores ou por amigos dos progenitores. Estes agentes aproveitavam-se da proximidade e da natural fragilidade das crianças (incapazes de opor uma resistência efectiva aos seus avanços ou, simplesmente, sem maturidade para compreender o significado do comportamento levado a cabo pelo adulto). A falta de informação e a inexistente educação sexual associadas ao isolamento das famílias eram apontados como factores que dificultavam a prevenção e a repressão desta criminalidade[3].

O cenário acima descrito não se alterou. Mas um outro cenário, por ventura mais assustador, foi revelado quando se desmantelaram algumas das redes de pedofilia. A noção de pedofilia passou a orientar a investigação e o tratamento jurídico destes casos. Simultaneamente, a nossa sociedade parece ter descoberto que a lei portuguesa não tutela de forma adequada o bem-estar das crianças nem as protege de modo efectivo contra a prática de crimes sexuais. As críticas mais comuns apontam para a inexistência de incriminação de algumas das condutas associadas à pedofilia e para a existência de molduras penais reduzidas.

Não é esta a nossa perspectiva. Julgamos que estas críticas resultam de alguma incompreensão acerca do abuso sexual de menores face à restante criminalidade sexual. Se analisarmos as estatísticas fornecidas pelo Ministério da Justiça para o ano de 2000, constatamos que embora os crimes mais comuns sejam a coacção sexual e a violação, a maioria das vítimas tem idades inferiores aos 16 anos[4].

Estes números permitem-nos concluir que as crianças não são só vítimas de abuso sexual: elas são também as principais vítimas das modalidades mais graves dos crimes sexuais. E se as crianças são efectivamente vítimas do crime de violação, a penalidade atribuída ao crime de abuso sexual de menores terá que ser inferior face à daquele crime. O abuso sexual, definido por relação ao crime de violação, consistirá num tipo específico de ataque sexual, menos grave, que apenas pode ser perpetrado contra menores de 14 anos.

---

[3] Assim, PINTO DA COSTA, ob.cit., p. 5.
[4] In www.mj.gov.pt.

Por outro lado, a pedofilia não abrange apenas o abuso sexual ou a violação de menores. As actividades das redes de pedofilia subsumem-se nas várias incriminações previstas no capítulo do Código Penal que tutela a liberdade sexual. E ainda em várias outras incriminações que nada têm que ver com a liberdade sexual, como são exemplo os crimes de sequestro, rapto ou associação criminosa.

Um trabalho sobre a pedofilia não pode ignorar esta realidade, debruçando-se apenas sobre uma das actividades das redes de pedofilia – o abuso sexual de menores.

2. Percurso analítico e objectivos

Como o próprio título do trabalho sugere, não pretendemos fazer uma análise exaustiva sobre as agressões sexuais em Portugal. O nosso estudo limitar-se-á a analisar, no que diz respeito à generalidade dos crimes de natureza sexual, aqueles que só possam ser cometidos contra menores de 14 anos. Dentro desta categoria, iremos dar especial atenção às condutas típicas mais comuns no âmbito da prática da pedofilia com carácter minimamente organizado.

Queremos saber como é que actuam as "redes pedófilas" para podermos enquadrar no âmbito da responsabilidade penal as condutas dos seus membros ou outros agentes a elas associados. Queremos também saber como é que se relacionam entre si os tipos penais em causa e se estas novas formas de criminalidade suscitam problemas específicos do ponto de vista da teoria geral da infracção.

Para tal, iremos fazer referência aos relatórios constantes das conclusões do 2.º Congresso Mundial Contra a Exploração Sexual Comercial de Crianças (CMESC), que teve lugar em Yokohama, Japão, entre 17 e 20 de Dezembro de 2001[5]. Nestes relatórios pudemos encontrar uma descrição pormenorizada das operações designadas por "*Cathedral*" e "*Wonderland Club*", as quais permitiram a descoberta de, pelo menos, duas redes pedófilas a actuar na Europa e Estados Unidos da América e ainda à detenção e julgamento de vários responsáveis por este tipo de crimes.

---

[5] In www.unicef.org/events/yokohama/.

Fornecendo um resumo elucidativo das operações referidas, iremos assim identificar as condutas mais comuns às novas formas de criminalidade sexual contra crianças, propondo o seu enquadramento jurídico-penal, ainda numa primeira abordagem não definitiva.

Não podemos deixar de fazer também uma referência ao caso "*Casa Pia*", dada a sua possível extensão e pelo facto de ter ocorrido, alegadamente, em Portugal. No entanto, a forma de abordagem não pode ser a mesma dos outros dois casos.

E terá que ser diferente, por duas razões: trata-se de um caso que ainda está em fase de investigação e portanto em segredo de justiça, não havendo acesso à informação. Por outro lado, embora estejam já identificados alguns suspeitos, não possuímos ainda, nenhuma decisão judicial transitada em julgado. Não pretendemos, com afirmações infundadas e irresponsáveis, colocar em causa a presunção de inocência de nenhum dos suspeitos. Assim, só nos é possível elaborar um juízo de possibilidade, com base nos dados veiculados pelos diversos meios de comunicação social.

Numa fase seguinte, iremos analisar com mais detalhe os tipos penais relativos à liberdade e autodeterminação sexual tendo em conta os bens jurídicos tutelados, a natureza dos crimes e as formas de comissão dos mesmos, esclarecendo alguns pontos mais controversos ou que suscitem maiores dificuldades. Nesta etapa, pretendemos delimitar o campo de aplicação de cada tipo penal sexual, indicando que condutas cabem em cada incriminação e porquê. Veremos também que condutas deverão ser excluídas deste ou daquele tipo incriminador.

Por fim, e estando já feita a análise dogmática, passaremos então à resolução dos problemas específicos que são suscitados pelas novas práticas pedófilas. São essencialmente problemas de modos de comissão dos crimes e comparticipação. No entanto, entendemos que seria igualmente importante analisar as relações entre os vários tipos incriminadores que poderão ser preenchidos pelos agentes destas redes pedófilas.

Igualmente importante é o concurso de crimes, pois a existência de redes pedófilas ou grupos de abusadores implica uma prática reiterada dos crimes. A existência de concurso de crimes é fomentada pela diversidade das condutas e pela sua variável amplitude ofensiva.

3. Delimitação do objecto – o conceito de pedofilia

A. Definição de pedofilia

De acordo com os dicionários, a pedofilia consiste na atracção sexual de adultos por crianças, ou desejo sexual por crianças, sendo o pedófilo a *pessoa que sente atracção sexual por crianças*.[6]

No mesmo sentido HOWIT define pedofilia como o interesse sexual prolongado por crianças com o desenvolvimento e maturidade física de um menor de 11 anos[7]. No entanto, o autor esclarece que *"o conceito de pedofilia é, dentro de alguns limites, flexível. Pode tratar-se de um comportamento normal ou de uma perversão; (...) pode ser legal ou ilegal.*[8]*"*

Também no plano jurídico-penal, nem tudo o que poderíamos qualificar como pedofilia deverá ou poderá ser alvo de incriminação. Na construção de um conceito penal de pedofilia, devemos orientarmo-nos pelo princípio da intervenção mínima. Será a necessidade de tutela de bens jurídicos a definir a amplitude dos tipos penais directamente relacionados com a pedofilia.

Não sendo função do direito penal a tutela da moral, o mero desejo sexual (ou atracção) de um adulto por uma criança, ainda que seja expresso de alguma forma, não poderá ser sancionado criminalmente. Por outro lado, face à proliferação das redes pedófilas e dos negócios que lhes estão associados, não podemos limitar a punição aos agentes que actuem motivados pelo desejo sexual por menores.

Quais serão, então, as práticas pedófilas com relevância penal? Podemos, desde logo, fazer uma restrição decorrente do próprio conceito de pedofilia. Se falamos de pedofilia e de práticas pedófilas, estamos a pensar em condutas que:

---

[6] *Dicionário da Língua Portuguesa Contemporânea da Academia das Ciências de Lisboa*, II vol., A-F, Verbo, 2001, p. 2797.

[7] DENNIS HOWIT, *Paedophiles and sexual offences against children*, John Wiley & Sons, Nova Iorque, 1995, p. 12. Sobre esta questão, numa abordagem médica, ver ainda STEPHEN T. HOLMES e RONALD M. HOLMES, *Sex Crimes, Patterns and Behavior*, Sage Publications, London, 2002, pp. 94 e ss.

[8] Ob.cit., p. 11.

a) tenham conotação sexual: devemos distinguir os meros maus-tratos infantis das verdadeiras condutas pedófilas, embora estas sejam uma forma de maltratar crianças[9];

b) tenham por objecto crianças: quando falamos de crianças, estamos a pensar em tudo o que significa ser criança e não necessariamente na idade da vítima: imaturidade física e psicológica própria de um ser no início do seu crescimento, que não possui nenhuma das características que são comuns e específicas nos adultos – a pedofilia consiste num desvio comportamental, pelo que os pedófilos vêem os seus instintos sexuais estimulados pelas características físicas e psíquicas tipicamente infantis[10], que afastam o desejo sexual na esmagadora maioria dos adultos[11].

Estaremos perante casos de pedofilia se o adulto escolhe aquela vítima como objecto da sua agressão sexual, porque ela corresponde à imagem de uma criança e porque se trata de um ser especialmente vulnerável e relativamente acessível, sendo assim um alvo fácil. Se a vítima, independentemente da idade, aparenta já características de adulto, físicas e psicológicas, que são adequadas a provocar um desejo sexual normal, não estaremos perante verdadeira pedofilia, embora possamos estar perante uma agressão sexual ou mesmo um abuso sexual.

Por fim, as práticas pedófilas não se esgotam no contacto directo entre um adulto e um menor, podem consistir em contactos forçados entre menores e, em muitos casos, envolvem a captação e/ou visionamento de imagens que representam crianças em actividade sexual – ou seja, a pornografia infantil ou pedopornografia.

---

[9] Sobre esta questão ver ISABEL ALBERTO, nomeadamente para a distinção entre pedofilia e abuso sexual de menores, in AAVV, *Abuso sexual de menores. Uma conversa sobre Justiça entre o Direito e a Psicologia*, cit., pp. 36 e ss.

[10] Tais como a ausência de pelos púbicos ou de seios, ou a desnecessidade de estabelecer uma relação amorosa com a criança, dada a sua imaturidade psicológica e à inexistência de barreiras contra toques de natureza sexual.

[11] Assim HOWIT, ob.cit.., p. 13.

B. Quais são as condutas pedófilas mais comuns? – Referência a três casos mediáticos

a) *O caso "Cathedral"*

A operação *Cathedral* teve início na Califórnia, E.U.A., em Abril de 1996. As investigações da polícia tiveram origem num pequeno episódio que à partida parecia isolado, mas que acabou por ser o levantar do véu num caso que envolvia várias centenas de agentes, de vários países, face a um número incalculável de vítimas. A história do processo judicial que decorreu nos E.U.A. inicia-se com a visita de uma criança de 10 anos a casa de uma amiga da escola, para aí passar o fim-de-semana.

Durante esta visita, o pai da amiga (Sr. R.) fechou a criança no seu quarto, onde se encontrava um computador ligado à Internet e equipado com uma Webcam – câmara de filmar que projecta as imagens em tempo real nos computadores de todos os que se encontrem ligados a um determinado site da Internet. No seu quarto, o Sr. R. abusou sexualmente da criança, tendo filmado os abusos e difundido os mesmos, em tempo real, para a Internet, através da referida câmara.

Durante o abuso sexual, o Sr. R. recebeu instruções das pessoas que estavam a assistir ao abuso, pela Internet, relativas aos actos sexuais que deveriam ser praticados com a criança. As imagens foram difundidas num site correspondente ao Orchid Club. O Sr. R gravou as imagens pedófilas, tendo depois vendido as mesmas através da Internet. A polícia descobriu o que se tinha passado, pelo testemunho da criança em causa, e o Sr. R. foi condenado a 100 anos de prisão.

b) *O caso "Wonderworld*

Através do computador do Sr. R, foram descobertos links relativos a outros clubes possivelmente pedófilos, entre eles o *Wonderland Club*. Este clube era altamente organizado, sendo constituído por um presidente, um secretário e um comité executivo, tendo regras estritas de admissão e de expulsão de membros. O acesso ao clube era também muito limitado, havendo cinco graus de segurança e várias áreas com códigos e informações encriptadas.

Muitas destas informações ou áreas do clube nunca foram descodificadas com sucesso pela polícia e por isso ficarão desconhecidas para sempre. Entre aquilo que a polícia conseguiu revelar, foram identificadas imagens ou vídeos de 1263 crianças diferentes, num total de 750 mil imagens e 1.800 horas de filme. Tal como no caso *Cathedral*, os membros do *Wonderland Club* abusavam de crianças com difusão de imagens em directo, seguindo instruções dos outros membros em linha.

O membro mais activo deste clube, que mantinha várias crianças detidas em sua casa, foi condenado a uma pena de 12 anos de prisão. Portugal, através dos seus órgãos de polícia, participou da Operação *Cathedral*, mas não foram detectados membros portugueses no *Wonderland Club*.

c) O caso "Casa Pia"

Como já referimos, não é ainda possível fazer uma descrição pormenorizada dos factos que farão parte deste caso, mas podemos já individualizar algumas condutas que o poderão caracterizar e que nos ajudarão ao longo do nosso trabalho. Apesar de não existir ainda nenhuma decisão condenatória transitada em julgado, foram já publicados cinco Acórdãos do Tribunal Constitucional que se debruçam sobre alguns aspectos do caso *Casa Pia*[12]. Estes Acórdãos analisaram, essencialmente, a conformidade com o texto fundamental de alguns dos actos de inquérito, como sejam a sonegação de informações ao arguido no primeiro interrogatório judicial ou a falta de referência, na fundamentação, aos factos concretos que compõem os fortes indícios necessários para a aplicação da prisão preventiva.

Mediante uma leitura dos referidos Acórdãos, podemos individualizar algumas condutas que poderão ter sido praticadas por algum ou alguns dos agentes alegadamente envolvidos na rede de pedofilia ligada à Casa Pia.

Estará em causa a utilização de crianças, com idades compreendidas entre os 8 e os 16 anos, para cedência a adultos que com elas terão praticado actos sexuais de relevo.

Terá havido, por parte de um ou mais funcionários da Casa Pia, um aproveitamento do seu ascendente sobre as crianças, ou mesmo da depen-

---

[12] São os seguintes: Acórdão 416/2003 de 24 de Setembro, Acórdão 417/2003 de 24 de Setembro, Acórdão 418/2003 de 24 de Setembro, Acórdão 607/2003 de 5 de Dezembro, Acórdão 614/2003 de 12 de Dezembro, e estão disponíveis no site www.tribunalconstitucional.pt/jurisprudencia.htm.)

dência das mesmas, para com elas praticarem actos sexuais de relevo ou para as levar a praticar, com terceiros, actos sexuais de relevo. Nalguns casos poderá estar também em causa o conhecimento e aquiescência de outros funcionários responsáveis pela instituição e dos próprios pais das crianças abusadas. Estes últimos poderão mesmo ter recebido contraprestações monetárias pelo seu silêncio.

Por fim, há ainda notícia da possível captação e divulgação de imagens ou filmes de natureza pornográfica, com utilização destas crianças, por parte dos angariadores, abusadores ou terceiros.

C. Tipos de crimes associados à pedofilia – condutas típicas e atípicas na legislação portuguesa

Pela leitura destes casos reais podemos individualizar várias condutas que surgem associadas à pedofilia. Nalguns casos, estaremos perante verdadeiras organizações criminosas em que cada agente tem o seu papel e contribui, na sua medida, para o resultado final. Assim, podemos individualizar as seguintes condutas:

a) prática de actos sexuais de relevo com menores;
b) prática de actos sexuais de relevo com menores tendo por finalidade a captação e posterior divulgação, com intenção lucrativa ou não, dessas imagens (filmes ou fotografias);
c) angariação e/ou cedência de menores para a prática de actos sexuais de relevo com terceiros, tendo ou não intenção lucrativa;
d) transporte de menores e/ou manutenção dos menores em situação de detenção, para posterior prática de actos sexuais de relevo;
e) cedência de locais, com intenção lucrativa ou não, para a prática de abusos sexuais;
f) organização de meios, ou mera contribuição para a mesma organização, tendentes a permitir ou favorecer a prostituição de menores, ou exploração desta prostituição;
g) manutenção de crianças em situação de detenção tendo em vista a sua utilização para fins sexuais;
h) captação com ou sem posterior divulgação, com intenção lucrativa ou não, de imagens contendo menores em contextos com objectiva conotação sexual (filmes ou fotografias);
i) mera divulgação, com intenção lucrativa ou não, de imagens contendo menores em contextos com objectiva conotação sexual (filmes ou fotografias);

j) mero visionamento ou posse de imagens contendo menores em contextos com objectiva conotação sexual (filmes ou fotografias);

k) visionamento de abusos sexuais ao vivo, presencialmente ou através da Internet, fornecendo ou não indicações para a prática de actos sexuais;

l) permissão ou mera aquiescência, em troca de vantagens económicas ou não, dirigida ao abuso sexual de crianças por pessoas com especiais deveres de protecção, educação ou vigilância das mesmas.

Tomando como ponto de partida o nosso código penal, os tipos de crimes que estarão associados à pedofilia e às chamadas redes de pedofilia são os seguintes:

    i. coacção sexual ou violação agravadas pela idade da vítima, arts. 163.º e 164.º em conjugação com o art. 177.º n.º 4;

    ii. abuso sexual de crianças ou menores dependentes, arts. 172.º e 173.º;

    iii. exibicionismo perante menores, art. 172.º n.º 3 alínea a);

    iv. corrupção de menores, art. 172.º n.º 3 alínea b);

    v. pedopornografia, art. 172.º n.º 3 alíneas c), d) e e);

    vi. lenocínio e tráfico de menores, art. 176.º;

    vii. ameaças, coacção ou coacção grave, arts. 153.º a 155.º;

    viii. sequestro ou rapto, arts. 158.º e 160.º;

    ix. escravidão de natureza sexual, art. 159.º;

    x. homicídio, eventualmente qualificado, arts. 131.º ou 132.º;

    xi. associação criminosa, art. 299.º.

Como se pode ver, a punição da pedofilia vai muito para além do abuso sexual de menores. E nem todos os agentes envolvidos em redes pedófilas terão por objectivo a satisfação dos seus instintos sexuais.

Pelo contrário, há notícia de que várias associações criminosas terão como actividades o tráfico de crianças, a utilização de crianças para cedência a pedófilos ou para a produção de material pedopornográfico e a distribuição, exibição ou venda deste tipo de material[13]. No seio de uma tal organização será possível distinguir alguns dos seus membros tendo em vista a sua específica actividade criminosa.

---

[13] Vejam-se, ilustrando com dados estatísticos, os vários relatórios do CMESC relativos à Pornografia Infantil, à Exploração Sexual das Crianças e ao Tráfico de Crianças.

Num primeiro momento será necessário localizar possíveis crianças para serem utilizadas nestas actividades. Esta tarefa é feita localmente, por pessoas da zona, que muitas vezes já conhecem as crianças ou podem ter um acesso facilitado às mesmas. Nalguns casos, as crianças serão aliciadas ou atraídas de diversas formas, normalmente por pessoas que estão habituadas a encontrar diariamente ou em locais que costumam frequentar: escolas, jardins, centros comerciais, centros desportivos, etc. Em muitos casos, contudo, são simplesmente raptadas.

A estes "agentes" que dão início ao processo de corrupção e abuso dos menores podemos chamar de angariadores. É comum que os angariadores sejam também abusadores das crianças, mas tal pode não acontecer: podem simplesmente entregar a criança a um outro agente, em troca de dinheiro.

Numa segunda fase, a criança pode entrar no chamado circuito da pedofilia, desaparecendo, ou pode ser "devolvida" ao seu ambiente familiar em troca de silêncio, ou contando com a colaboração de pais, professores, tutores, etc. Se a criança entra no circuito, torna-se necessário mantê-la num qualquer local, na esmagadora parte dos casos à força, sendo "guardada" por um outro agente.

Para evitar suspeitas, as crianças são trocadas de locais e de monitores várias vezes, o que implica a existência de uma mecanismo sustentado e de um número considerável de membros. Estes monitores são quase sempre também os abusadores das crianças que mantêm retidas. Existem ainda aqueles que apenas fornecem os locais, quer para manter as crianças, quer disponibilizando o espaço onde decorrem os abusos sexuais e/ou a captação de material pedopornográfico.

No que diz respeito ao negócio da pedopornografia, podemos distinguir entre actores, que serão aqueles que aparecem nas imagens como abusadores; produtores e realizadores, que serão aqueles que contribuem para a captação e montagem do material pornográfico, directamente ou fornecendo meios técnicos ou financeiros; distribuidores, que entram em contacto apenas com o produto final e promovem a sua colocação no "mercado"; e por fim, os consumidores.

Cumpre saber então se todas as condutas acima referidas encontram expressão legal no nosso sistema penal, e como é que estes agentes serão punidos. Vejamos primeiro quais as recomendações internacionais e comunitárias no sentido da extensão da punição das práticas pedófilas.

No Protocolo Facultativo à Convenção sobre os Direitos da Criança relativo à Venda de Crianças, Prostituição Infantil e Pornografia Infantil[14] diz-se, no art. 1.º, que os Estados Partes deverão incriminar a venda de crianças, a prostituição infantil e a pornografia infantil.

O art. 3.º do Protocolo concretiza algumas das condutas correspondentes a estes conceitos: i) exploração sexual da criança, ou seja, utilização desta em actividades sexuais; ii) oferta, obtenção, procura ou entrega de criança para fins de prostituição infantil; iii) produção, distribuição, difusão, importação, oferta, venda ou posse de material pedopornográfico para fins de prostituição infantil.

Tomando em consideração os arts. 172.º (abuso sexual de menores), 176.º (lenocínio e tráfico de menores), e 159.º alínea b) (escravidão), todos do Código Penal, a esmagadora maioria destas condutas ficará abrangida por algum tipo incriminador.

Dúvidas surgem quanto à mera posse de material pornográfico, dado que a alínea e) do n.º 3 do art. 172.º apenas pune a posse quando esta vise a alienação ou exibição do material. Por outro lado, certas condutas que consistem em procurar ou oferecer crianças para a prostituição poderão configurar ainda meras tentativas face aos arts. 159.º e 176.º do Código Penal.

A Recomendação R (91) 11 do Conselho da Europa vai um pouco mais longe e impõe aos Estados-Membros a incriminação da mera posse de material pedopornográfico[15], algo que claramente não está previsto na nossa lei penal. A mesma Recomendação impõe ainda que a incriminação da prostituição infantil abranja também os clientes[16]. Deixaremos, contudo, para mais tarde a análise desta última questão, já que existem algumas dúvidas quando ao enquadramento dos clientes no n.º 1 do art. 176.º do Código Penal. Certo é que estes poderão ser sempre punidos pelo art. 172.º da mesma lei.

No âmbito comunitário, já em Fevereiro de 1997 havia sido aprovada uma Acção Comum relativa à luta contra o tráfico de seres humanos e à

---

[14] Adoptado pela resolução A/RES/54/263 da Assembleia-Geral das Nações Unidas, em Nova Iorque, a 25.05.00, entrou em vigor na ordem internacional a 18.01.02 tendo sido ratificado pelo Decreto do Presidente da República n.º 14/2003, e publicado no DR I série A, n.º 54 de 05.03.2003., pp. 1492 e ss.

[15] *Sexual exploitation, pornography and prostitution of, and trafficking in, children and young adults: recommendation Nº R(91) 11 and report of the European Committee on crime problems*, Conselho da Europa, Estrasburgo, 1993, p. 10.

[16] *Idem*, p. 11.

exploração sexual de crianças[17], com o objectivo de alargar e harmonizar o direito penal dos Estados-Membros.

No entanto, face ao falhanço desta medida, a Comissão apresentou, a 21.12.00, uma Comunicação ao Conselho e ao Parlamento Europeu na qual propunha a adopção de duas decisões-quadro, uma relativa ao tráfico de pessoas e outra relativa à exploração sexual de crianças e pornografia infantil[18].

Estas decisões-quadro deveriam substituir a antecedente Acção comum, mas apenas foi já aprovada a relativa ao tráfico de pessoas[19]. Dado que a aprovação da Decisão-Quadro relativa à exploração sexual de crianças e pornografia infantil está prevista para breve, iremos analisar ambas as decisões pois a Acção Comum será, então, revogada[20]. Também o art. 29.º do Tratado da União Europeia, com a redacção dada pelo Tratado de Amesterdão, elege como um dos meios principais para alcançar um *"espaço de liberdade, segurança e justiça"* o combate ao tráfico de seres humanos e aos crimes contra crianças.

No que diz respeito à Decisão-Quadro relativa ao tráfico de seres humanos, da comparação do seu art. 1.º n.ºˢ 1, 3 e 4 com os arts. 169.º, 170.º e 176.º do Código Penal, resulta o seguinte:

i. o tráfico de jovens com idades entre os 16 e os 18, que são ainda considerados crianças para a Decisão-Quadro, só é punido na lei portuguesa quando houver uso de violência, ameaça grave, ardil, manobra fraudulenta ou abuso de autoridade, enquanto que a Decisão-Quadro impõe a incriminação em qualquer caso, sendo o consentimento irrelevante;

ii. a incriminação do tráfico de pessoas, na lei portuguesa, acontece quando este visar a prostituição ou a prática de actos sexuais de relevo, enquanto que a Decisão-Quadro refere, para além da prostituição, qualquer forma de exploração sexual incluindo a pornografia – contudo, uma resposta definitiva dependerá do conceito de "acto sexual de relevo" adoptado neste trabalho;

---

[17] Publicada no JOCE L63 de 04.03.97.

[18] COM(2000)814, in http://europa.eu.int/index_pt.htm, ver em Documentos Oficiais, Eurolex, Legislação em Preparação, fazendo uma procura com data 01.01.2000.

[19] Publicada no JOCE L203 de 01.08.02.

[20] Aliás, para a Comissão Europeia, a referida Acção Comum terá já caducado, face aos princípios gerais de direito, dado que o seu prazo de execução terminou no dia 31.12.99, veja-se a Comunicação COM(2000) 814, p. 13.

No que diz respeito à futura Decisão-Quadro relativa à exploração sexual de crianças e pornografia infantil, as diferenças face à nossa lei são mais profundas e notórias. Tratando-se do envolvimento de uma criança num comportamento sexual existem zonas de impunidade na nossa lei penal, que resultam da definição de criança adaptado na Decisão-Quadro: qualquer menor de 18 anos. O envolvimento em comportamentos sexuais de jovens entre os 16 e os 18 anos não é punido, na lei portuguesa, quando haja mero aproveitamento da sua vulnerabilidade ou quando seja oferecido dinheiro[21], punição esta que é imposta pelo art. 2.º alínea b) da futura Decisão-Quadro. Por outro lado, não está assegurada a punibilidade da tentativa de todos os tipos de envolvimento de uma criança em comportamento sexual, como impõe o n.º 2 do art. 4.º da proposta da Comissão.

No que diz respeito à pedopornografia, a nossa lei não incrimina a mera aquisição ou posse dos materiais proibidos, a não ser que haja intenção de os vender ou exibir. Já a proposta de Decisão-Quadro impõe esta punição no seu art. 3.º n.º 1 alínea c).

Também não está assegurada a punibilidade, na lei portuguesa, da tentativa de nenhuma das condutas associadas à pedopornografia, a não ser que haja intenção lucrativa. Mas a proposta impõe a punição da tentativa em todos os casos, menos quando esteja em causa a mera aquisição ou posse.

A divergência de maior relevo surge, contudo, quanto ao conceito de pedopornografia proibida. A lei portuguesa apenas incrimina a produção, venda ou exibição de material em tenha sido efectivamente utilizada uma criança, e esta é a tendência da maioria das legislações nacionais e textos internacionais. No entanto, de acordo com o relatório explicativo da proposta de Decisão-Quadro, o n.º 2 do art. 3.º terá por objectivo a punição da produção de material pornográfico representado crianças em actos sexuais explícitos, ainda que apenas graficamente ou de forma figurada.

Esta será, talvez, a parte mais polémica da Decisão-Quadro, pois levanta enormes dúvidas no que concerne à legitimidade penal para uma tal punição[22].

---

[21] Isto se entendermos que os clientes da prostituição não estão abrangidos pelo n.º 1 do art. 170.º do Código penal.

[22] Esta questão será analisada em pormenor no ponto II.1.H.

II. ESTRUTURA TÍPICA DAS INCRIMINAÇÕES CARACTERÍSTICAS DA PEDOFILIA

1. O bem jurídico protegido pelas incriminações relativas à pedofilia

A. A coacção sexual e a violação

Os crimes de coacção sexual e violação estão previstos nos arts. 163.º e 164.º do Código Penal e encontram-se inseridos no Capítulo intitulado "Dos crimes contra a liberdade e autodeterminação sexual", secção I, relativa à liberdade sexual. O bem jurídico tutelado pelas duas incriminações é, então, a liberdade sexual.

Estes tipos penais não se dirigem em especial às crianças, mas a todas as formas de restrição da liberdade sexual dirigidas contra qualquer pessoa. Por essa razão não nos interessa aprofundar em demasia a análise dos mesmos. Mas também não podemos deixar de referir a importante evolução, que operou na forma como são actualmente encaradas pelo legislador as agressões sexuais.

Sendo o bem jurídico a liberdade sexual, será importante também determinar até que ponto é que as crianças podem ser tuteladas por estes tipos incriminadores. Isto porque as crianças só serão vítimas de coacção sexual ou violação se possuírem liberdade sexual. Contudo, só poderemos dar resposta a esta questão depois de retirarmos as nossas conclusões quanto ao bem jurídico tutelado pelo crime de abuso sexual de menores.

Antes de mais, cumpre fazer uma curta referência à evolução das concepções doutrinais e legislativas relativas ao direito penal sexual. Em meados do século XX, a maioria dos códigos penais europeus ainda qualificava os crimes de violação como violando a moral, a honestidade, ou os sentimentos ético-morais da comunidade[23].

Progressivamente, contudo, assistiu-se a uma consciencialização dirigidá à necessidade de uma fundamentação sólida e constitucional da incriminação dos crimes sexuais. Concluiu-se que tal como em qualquer sector do direito penal, o critério justificador para a intervenção do legislador teria que ser a protecção de bens jurídicos fundamentais[24].

---

[23] Em Espanha estes crimes eram designados por "Delitos contra la honestidad". Sobre esta questão veja-se a crítica de SAINZ CANTERO, "La reforma del Derecho penal sexual", in *Anuário de Derecho Penal y Ciencias Penales*, tomo XXXI, fasc. II, Maio-Agosto de 1978, p. 255. Na Alemanha intitulavam-se "Crimes graves e menos graves contra a moral", tendo a Lei de reforma do Direito Penal de 1969 alterado a designação para "Crimes contra a autodeterminação sexual", veja-se CLAUS ROXIN, *Derecho Penal, Parte General*, tomo I, tradução da 2.ª Edição Alemã por D. Luzón Peña, M. D. Garcia Conlledo e J. V. Remesal, Editorial Civitas, S.A., 1997, pág. 53; e, do mesmo autor, *Autoria y dominio del hecho en Derecho Penal*, tradução da 7.ª edição por Joaquín Cuello Contreras y J. L. S. González de Murillo, Marcial Pons, Madrid, 2000, pág. 455. ROXIN, ainda face à antiga designação, identificava três conjuntos de bens jurídicos tutelados: i) liberdade sexual e integridade corporal; ii) inexperiência e falta de resistência em jovens ou pessoas dependentes; iii) moralidade pública, concluindo, contudo, que a função do estado seria tutelar bens jurídicos fundamentais e não a moralidade. Também em Portugal, só em 1982, com a aprovação de um novo Código Penal, é que estas condutas passaram de "Crimes contra os fundamentos ético-sociais da vida em sociedade" e de "Crimes contra valores e interesses da vida em sociedade" para serem qualificados de "Crimes sexuais", passando a integrar, com a revisão de 1995, a parte relativa aos crimes contra as pessoas, sendo designados por "Crimes contra a liberdade e autodeterminação sexual". Sobre a evolução no direito português ver KARL P. NATSCHERADETZ, *Direito Penal Sexual: conteúdo e limites*, Almedina, Coimbra, 1985, pp. 120 e ss.; TERESA P. BELEZA, *Direito Penal*, 1.º vol, AAFDL, 1985, Lisboa, pp. 45 e ss.; idem, ""Sem sombra de pecado: o repensar dos crimes sexuais na revisão do Código Penal", in *Jornadas de Direito Criminal – Revisão do Código Penal*, CEJ, 1986, Lisboa, pp. 155 e ss.; FERNANDO TORRÃO, "A propósito do bem jurídico protegido nos crimes sexuais: mudança de paradigma no novo Código Penal", in *BFDUC*, vol. 71, 1995, Coimbra, pp. 545 e ss.; MANUEL COSTA ANDRADE *Consentimento e acordo em Direito Penal, contributo para a fundamentação de um paradigma dualista*, Coimbra Editora, Coimbra, 1991, pp. 384 e ss.; F. J. FERREIRA RAMOS, "Notas sobre os crimes sexuais no projecto de revisão do Código Penal de 1982 e na Proposta de Lei n.º 92/VI", in *RMP*, ano 15, n.º 59, 1994, Lisboa, pp. 29 e ss. e J. MOURAZ LOPES, *Os crimes contra a liberdade e a autodeterminação sexual no Código Penal*, 3.ª Edição, Coimbra Editora, Coimbra, 2002; pp. 11 e ss.

[24] Assim já NATSCHERADETZ, ob.cit., pp. 89 e ss. Sobre a necessidade de critérios legitimadores da intervenção penal com referência a bens jurídicos fundamentais ver também: M. FERNANDA PALMA, "Novas formas de criminalidade: o problema do direito penal do ambiente", in *Estudos Comemorativos do 150.º Aniversário do Tribunal da Boa-Hora*, Ministério da Justiça, 1995, Lisboa, pp. 200 e ss.; J. F. FARIA COSTA, *O perigo em Direito*

E estes bens jurídicos não poderiam corresponder a um qualquer interesse ou valor, ainda que tivesse o apoio de grande parte da sociedade. Pelo contrário, deveriam ter uma relevância ética ou axiológica incontestável. Os bens jurídico-penais, ou seja, aqueles que são dignos de tutela penal, devem ser encontrados nos grandes espaços de consenso social, correspondendo aos valores fundamentais da sociedade.

Ora, só a Constituição de cada estado pode dar indicação de quais são valores fundamentais daquela sociedade, fornecendo assim os critérios para uma intervenção penal visando a protecção de bens jurídicos essenciais à sã convivência e pacificação social[25]. O legislador penal verá limitado o seu poder punitivo pela necessidade de protecção de bens jurídicos e pelo princípio da proporcionalidade, de onde se retira o princípio da intervenção mínima do direito penal na actividade social, o qual determina a natureza duplamente fragmentária deste ramo de direito[26].

Tornou-se então necessário excluir-se o direito penal a tutela de certos valores de natureza metafísica, tais como o bem comum, os sentimentos populares, ou a moral[27], por não ser possível a sua recondução a categorias pré-existentes na sociedade, de carácter externo e passíveis de uma valoração objectiva[28].

Penal – (contributo para a sua fundamentação e compreensão dogmáticas), Coimbra Editora, Coimbra, 2000, pp. 620 e ss.; JORGE FIGUEIREDO DIAS, *Temas básicos da doutrina penal*, Coimbra Editora, Coimbra, 2001, pp. 42 e ss.; ROXIN, *Derecho Penal...*, cit., pp. 52 e ss.

[25] Assim FERNANDO TORRÃO, ob.cit., p. 556; NATSCHERADETZ, ob.cit., p. 89, caracterizando a necessidade de tutela de bens jurídicos indispensáveis à coexistência social como um princípio político limitador do poder punitivo do estado, e fundamentando esta limitação directamente na própria ideia de estado de direito.

[26] Falamos em natureza duplamente fragmentária pois o direito penal não estará só limitado à tutela de alguns bens jurídicos mais importantes, mas também à tutela apenas dos ataques mais graves a estes bens jurídicos.

[27] Assim, ROXIN, *Autoría...*, pp. 449 e ss. De acordo com FERNANDO TORRÃO esta concepção do direito penal exclui a *"incriminação de actos que, apesar de imorais, não afectem a liberdade de ninguém, como seja a prática da sodomia, a homossexualidade, a prostituição, o incesto, as orgias e, em geral, os actos atentatórios do pudor ou da moralidade sexual que sejam praticados em privado e de livre vontade entre adultos."*, ob.cit., p. 557. No mesmo sentido, excluindo a punição das meras imoralidades: ROXIN, *Derecho Penal...*, cit., pp. 52 e ss.; FIGUEIREDO DIAS, *Temas básicos...*, p. 55; do mesmo autor, *Comentário Conimbricense do Código Penal*, Coimbra Editora, Coimbra, 1999, p. 443; SAINZ CANTERO, ob.cit., pp. 239 e ss.; RUI C. PEREIRA, "Liberdade sexual: a sua tutela na reforma do Código Penal", *Sub Júdice – Justiça e Sociedade*, n.º 11, 1996, Lisboa, p. 48;

[28] Assim NATSCHERADETZ, ob.cit., p. 113.

Já sabemos qual é o bem jurídico tutelado por estas incriminações, falta-nos determinar a extensão da sua tutela penal. Quase todos os autores distinguem entre uma vertente positiva e uma vertente negativa da liberdade sexual[29].

A vertente positiva liberdade sexual impõe a livre disposição do sexo e do próprio corpo para fins sexuais, ou seja, consiste na possibilidade que cada um tem de fazer as suas opções no domínio da sexualidade. Já a vertente negativa estabelece o direito de cada um a não suportar de outrem a realização de actos de natureza sexual contra a sua vontade.

Numa perspectiva mais tradicional ao direito penal caberia assegurar o respeito pela vertente negativa do bem jurídico liberdade sexual, punindo aquelas condutas que consistissem em actividades sexuais forçadas ou coagidas, e que causassem prejuízos reais e injustos a outra pessoa[30]. Em contrapartida, toda a intervenção penal que fosse para além desta finalidade, estaria, por sua vez, a embater contra a vertente positiva da liberdade sexual.

Podemos fazer algumas críticas a esta visão demasiado formal do bem jurídico liberdade sexual. Desde logo, a dicotomia presente na concretização do bem jurídico liberdade sexual não será exclusiva deste. Todo o bem jurídico assente na "liberdade de" compreende quer a possibilidade de realizar uma determinada actividade, quer o direito de esta não nos ser imposta[31].

Por outro lado, não podemos seccionar, desta forma, a tutela do bem jurídico liberdade sexual, pois como se depreende do que dissemos em cima, as duas vertentes da liberdade são duas faces da mesma moeda, não poderá existir uma sem a outra.

Pelo que nos parece mais acertado pensar na liberdade sexual como um todo, adoptando assim a chamada concepção mista ou integradora[32].

---

[29] Entre outros veja-se: FIGUEIREDO DIAS, *Comentário...*, cit., p. 445; NATSCHERADETZ, ob.cit., pp. 141 e ss.;, F. J. FERREIRA RAMOS, ob.cit., p. 30.

[30] Assim SAINZ CANTERO, ob.cit., p. 239.

[31] Referindo que a liberdade sexual não é mais do que uma concretização do bem jurídico liberdade, JOSÉ M. SÁNCHES TOMÁS, "Los abusos sexuales en el Código Penal de 1995: en especial sobre menor de doce años y abusando de transtorno mental", in *Cuadernos de Política Criminal*, n.º 61, 1997, Madrid, p. 105.

[32] Veja-se a crítica de NATSCHERADETZ: *"...tanto a vertente positiva como a negativa, constituem tendências perfeitamente conciliáveis que reflectem o efectivo conteúdo do conceito a partir de duas perspectivas inversas, que, longe de se oporem, se complementarizam, pelo que nenhuma delas se deve considerar de forma isolada e com exclusão da outra. A faculdade de utilizar ou não o próprio corpo para fins sexuais, o reconhecimento*

Por fim, não é absolutamente correcto dizer-se que ao direito penal caberá apenas tutelar a vertente negativa da liberdade sexual, já que a sua vertente positiva também será tutelada, pelo menos de forma indirecta, pelos crimes sexuais e pelos tipos que tutelam a liberdade em geral[33].

Independentemente da concepção adoptada, o consenso impera quanto à conclusão a retirar sobre a tutela penal sexual: esta não deverá consistir de um limite estatal à liberdade sexual, mas de uma forma de garantir uma vivência plena da mesma liberdade por parte de todos os cidadãos[34].

B. O abuso sexual de crianças

Para além dos tipos base da coacção e violação, que incriminam todas as restrições à liberdade sexual levadas a cabo por meio de violência, ameaça grave, ou colocação na impossibilidade de resistir, existem outros tipos que punem a prática de actos sexuais com determinadas pessoas, presumivelmente mais frágeis ou fragilizadas[36]. Entre estes encontramos o abuso sexual de crianças, previsto no art. 172.º do Código penal e inserido na secção II respeitante aos "Crimes contra a autodeterminação sexual".

E se não foi difícil identificar o bem jurídico tutelado pelos tipos da coacção sexual ou da violação, o mesmo já não se passará no que diz respeito aos tipos que incriminam a prática de actos sexuais com menores e incapazes. Para além do facto de encontrarmos as incriminações relativas aos actos sexuais com menores numa outra secção, cuja designação já

---

de uma esfera de autonomia na vida sexual implica como consequência necessária a existência de um sistema de garantias legais que tutelem tal autonomia, como aliás sucede em relação à generalidade das liberdades.", ob.cit., p. 143; no mesmo sentido JOSÉ M. SÁNCHES TOMÁS, ob.cit., p. 107.

[33] Assim, os tipos penais sexuais que incriminam aquelas condutas que possam conduzir a uma má formação da vontade sexual terão também em vista esta vertente positiva. Além disso, qualquer conduta tendente a impedir ou restringir, sem justificação, uma comportamento sexual poderá ser censurada pelos tipos mais gerais da coacção, arts. 153.º a 155.º do Código Penal.

[34] Vejam-se as palavras de FERNANDO TORRÃO: *"Entender que o poder político-estadual deve interferir na liberdade dos indivíduos, é entender que esses indivíduos não são dignos da liberdade e que devem ser tratados de forma paternalista, impossibilitadora de emancipação e castradora de iniciativa própria, individual e auto-responsável, só imaginável em concepções a que poderíamos chamar de uma humanidade afectada, onde os cidadãos seriam vistos como apáticos filhos menores de um estado superprotector e autoritário."*, ob.cit., p. 559; no mesmo sentido, entre outros, NATSCHERADETZ, ob.cit., p. 120;. F. J. FERREIRA RAMOS, ob.cit., p. 30.

[35] Assim os arts. 165.º, 166.º e 172.º a 175.º do Código Penal.

não faz referência à liberdade, mas sim à autodeterminação sexual, a doutrina apresenta também respostas muito diversas.

Este pequeno detalhe obriga-nos a iniciar a nossa abordagem desta matéria pela definição de autodeterminação sexual, distinguindo-a, se for caso disso, do conceito de liberdade sexual. A noção de autodeterminação parece significar um pouco mais que o de liberdade. A liberdade será um estado, mas a autodeterminação é um caminho ao qual estão subjacentes, não só a inexistência de obstáculos ou restrições para o exercício da liberdade, mas também a existência de condições que permitam uma livre formação da vontade.

No entanto, parece-nos que o conceito de autodeterminação não poderá ser separado da noção de liberdade. Quanto muito, podemos dizer que a autodeterminação corresponde a uma das concretizações e manifestações da liberdade em sentido amplo. Isto porque sem autodeterminação não podemos falar na existência de verdadeira liberdade: a liberdade, nestes casos, será mera aparência.

O usufruto de uma liberdade plena implica mais do que a possibilidade formal de se optar por um dos caminhos já prévia e definitivamente traçados. Pressupõe sim que o indivíduo possa não só escolher, mas também construir o caminho ou caminhos por onde pretende progredir. A autodeterminação corresponde assim ao processo de formação de uma vontade que deverá livre, esclarecida e autêntica, sendo uma componente indispensável e parte integrante da própria ideia de liberdade[36].

Aliás, quer na doutrina quer na jurisprudência, podemos encontrar várias passagens em que os respectivos autores utilizam a expressão autodeterminação com o significado de liberdade sexual, ou seja, como a possibilidade de determinação do quando, como e com quem da adopção de comportamentos sexuais[37].

---

[36] Veja-se que KARL BINDING identifica três formas violação da liberdade sexual: i) liberdade de formação da vontade (que seria então o correspondente ao conceito de autodeterminação); ii) liberdade de decisão da vontade; iii) liberdade de execução da vontade, (*Lehrbuch des gemeinen Deutschen Strafrechts. Besonderer Teil,* Band 1, reimpressão da 2.ª Edição, Leipzig, 1902, Scientia, 1962, pp. 80 e ss., citado por NATSCHERADETZ, ob.cit., p. 151.

[37] Assim, entre outros, NATSCHERADETZ, ob.cit., p. 558; FIGUEIREDO DIAS, ob.cit., p. 442; M. MAIA GONÇALVES, *Código Penal Português, Anotado e Comentado*, 15.ª Edição, Almedina, Coimbra, 2002, p. 558; COSTA ANDRADE, *Consentimento e acordo....*, cit., pp. 382 e 383; Acórdão da Relação de Coimbra de 12.01.96, *CJ*, 1996, tomo I, p. 165; Acórdão do Supremo Tribunal de Justiça de 16.06.00, *SASTJ*, n.º 42, p. 64.

As dificuldades surgem quando, nalguns dos tipos penais inseridos na secção relativa à autodeterminação sexual[38], não é feita referência a quaisquer elementos, nas descrições legais daqueles, que apontem claramente para uma restrição da liberdade sexual. No nosso caso, interessam-nos particularmente os crimes previstos nos arts. 172.º e 176.º do Código Penal, relativos aos menores de 14 anos, mas as mesmas questões colocam-se também no que diz respeito aos adolescentes e incapazes.

Face à construção típica destes crimes, alguns autores acabam por negar que as classes de sujeitos por eles tutelados possuam, efectivamente, liberdade sexual. A questão que imediatamente se coloca é esta: se os menores (e, nalguns casos, os incapazes) usufruíssem de liberdade sexual, como é que se justificaria que na incriminação do abuso sexual não se exija a sua oposição?

O teor literal da norma incriminadora relativa ao abuso sexual de menores lança um interessante desafio ao intérprete. Poderá explicar-se a construção típica escolhida pelo legislador sem negar que seja ainda a liberdade sexual o bem jurídico aí tutelado? Podemos dividir as sugestões explicativas da doutrina em dois grandes grupos:

a) Alguns autores entendem simplesmente que os menores não dispõem de liberdade sexual pois não têm capacidade (conhecimento e vontade), pelo que o bem jurídico tutelado não pode ser a liberdade sexual, e nem mesmo a autodeterminação sexual.

b) Outros defedem que apesar dos menores de 14 anos disporem, em teoria, de liberdade sexual, a lei estabelece uma presunção *iuris et de jure* de que não têm capacidade para a exercer, dada a sua imaturidade física e psicológica;

Na nossa opinião as duas explicações avançadas pela doutrina têm consequências diversas para a construção típica do abuso sexual de crianças; consequências que se debruçam sobre problemáticas da teoria geral do direito penal também muito diferentes.

Seguindo a lógica sistemática da análise jurídico-penal, deveremos começar por responder à questão do bem jurídico, dada a sua natural precedência sobre as outras questões que a este respeito se colocam e que são as seguintes: i) qual será natureza dos tipos relativos aos menores de 14 anos?; ii) poderá ser considerado relevante o consentimento prestado

---

[38] Arts. 172.º, 173.º, 175 e 176.º n.ᵒˢ 1 e 2 do Código Penal.

por um menor de 14 anos, e em caso afirmativo, poderá este afastar a tipicidade ou terá somente efeito justificador?

Embora a maioria dos autores faça referência à autodeterminação sexual como sendo o bem jurídico tutelado pela norma incriminadora do abuso sexual de crianças estes acabam por se afastar dela associando-a a outros bens jurídicos[39], ou definindo-a em termos demasiado distantes do conceito de liberdade.

Como exemplo da primeira situação podemos referir a explicação avançada por FIGUEIREDO DIAS. Este autor faz equivaler, num primeiro momento, liberdade e autodeterminação sexual, afirmando que o bem jurídico tutelado na Secção II do Capítulo do Título I do Código Penal é, à semelhança do que acontece na secção I, *"...a liberdade (e/ou autodeterminação sexual) "*[40].

No entanto, o autor chega à conclusão que o bem jurídico tutelado não será só a autodeterminação sexual, mas também o livre desenvolvimento da personalidade do menor na esfera sexual[41]. E já na fase de elaboração do Projecto de Revisão do Código Penal de 1995, o mesmo autor havia referido o seguinte: *"...a especificidade destes crimes reside como que numa obrigação de castidade e virgindade quando estejam em causa menores (...)."*[42]

---

[39] Veja-se o exemplo deste Acórdão do Supremo Tribunal de Justiça de 07.12.99: *"O bem jurídico protegido no abuso sexual de crianças do art. 172.º do CP é o da autodeterminação sexual, mas num particular prisma que seja o de evitar que certas condutas de natureza sexual, em consideração da pouca idade da vítima, mesmo sem coacção, possam prejudicar gravemente o livre desenvolvimento da sua personalidade dentro do bem jurídico mais amplo da auto-conformação da vida e da prática sexual da pessoa..."*, in SASTJ, n.º 36, p. 59. Não teríamos nada de substancial a opor a este entendimento se não se entendesse depois que todo e qualquer contacto sexual prejudica o livre desenvolvimento do jovem.

[40] O autor entende que na Secção II se estende a protecção do bem jurídico liberdade sexual a *"...casos que não seriam crime se praticados entre adultos, ou o seriam dentro de limites menos amplos, ou assumiriam uma menor gravidade; e estende-a porque a vítima é uma criança (...)"*, Comentário..., cit., p. 442.

[41] Segundo o autor, a secção II será um capítulo importante na protecção penal das crianças e dos jovens, cujo *"...bem jurídico complexivo deve com propriedade designar-se, numa fórmula abreviada, como o do desenvolvimento da vida sexual"*, ibidem.

[42] In *Código Penal, Actas e Projecto da Comissão Revisora*, Edição do Ministério da Justiça, 1993, p. 261. No mesmo sentido, e seguindo as palavras do ilustre Professor, veja-se o Acórdão do STJ de 15.06.00, onde se afirma que o objectivo do art. 172.º será *"...a protecção de pessoas que presumível ou manifestamente não dispõe do discernimen-*

A contradição inerente à explicação descrita é notória já que, se por um lado não é negada a existência de liberdade sexual para os menores de 14 anos, esta liberdade parece poder conduzir apenas a uma escolha: a da castidade do menor.

Da mesma forma parece entender TEREZA BELEZA, pois embora não negue em absoluto que o bem jurídico tutelado seja a liberdade sexual, fala em *"...liberdade de crescer na relativa inocência até à adolescência, até se atingir a idade da razão para aí se poder exercer plenamente aquela liberdade."*[43]. A autora acaba por entender que o que está em causa nos crimes contra as crianças é a *"...convicção legal (iuris et de jure, dir-se-ia) de que abaixo de uma certa idade ou privada de um certo grau de autodeterminação a pessoa não é livre de se decidir em termos de relacionamento sexual."*[44]

---

to necessário para que, no que ao sexo respeita, se exprimirem ou comportarem com liberdade...", BMJ, 498, 2000, pp. 148 e ss. Já face ao disposto na versão original do Código Penal de 1982, apesar da forma curiosa como era feita a incriminação, a jurisprudência parecia identificar como bem jurídico tutelado a liberdade sexual. De facto, o antigo art. 201.º, relativo à violação, punia, no seu n.º 2, "quem, independentemente dos meios empregados, tiver cópula ou acto análogo com menor de 12 anos ou favorecer estes actos com terceiro." Face a esta dicotomia legal, que incriminava a violação da liberdade sexual dos menores de 12 anos, ainda que não ocorresse qualquer violação da mesma, não encontramos, contudo, referências na jurisprudência à castidade dos menores. Pelo contrário, na concretização do que seja acto análogo à cópula, os tribunais não adoptavam critérios diversos consoante a idade da vítima, tomando sempre como orientação a protecção da liberdade sexual, do pudor, honra ou inviolabilidade sexual, quer da mulher, quer do menor. Neste sentido: Ac. STJ de 02.11.94, BMJ, 441, 1994, pp. 7 e ss.; Ac. STJ de 16.11.95, apenas disponível em www.pgr.pt; em sentido divergente, Ac. STJ de 18.11.93, disponível em www.pgr.pt.

[43] A autora acrescenta que *"...mesmo sem querer, a ideia que está aqui presente é a que os menores de certa idade (14 anos), não têm efectiva liberdade sexual, a liberdade destes como que está suspensa, até que estes adquiram, na perspectiva dos adultos, capacidade para a exercerem."*, "Sem sombra de pecado...", cit., p. 165.

[44] "A regulação jurídica da sexualidade no Código Penal: da laicização dos «bons costumes» à ortodoxia da «liberdade»", in *Estudos Comemorativos do 150.º Aniversário do Tribunal da Boa-Hora...*, cit., p. 172. No mesmo sentido FIGUEIREDO DIAS, *Comentário...*, cit. pp. 541 e 542; MARIA JOÃO ANTUNES, *Comentário...*, cit. p. 570; COSTA ANDRADE, *Consentimento e acordo...*, cit., p. 395. Veja-se ainda este Acórdão do Supremo Tribunal de Justiça de 19.10.00: *"Aos 14 anos a lei fornece uma protecção absoluta aos menores no que concerne ao seu desenvolvimento e crescimento sexuais. A lei protege-os, inclusivamente, deles próprios, considerando irrelevante o eventual consentimento que prestem para a prática de actos sexuais..."*, in SASTJ, n.º 44, p. 87; no mesmo sentido: *"Em qualquer das incriminações, tratando-se de menores de 14 anos, o legislador presume iuris et de jure a falta de vontade e ausência de consentimento, pois este ainda que manifestado é irrelevante..."*, Ac. da Relação de Lisboa de 19.03.97, BMJ, 465, p. 627.

Outros autores chegam mesmo a negar que o bem jurídico seja, de todo, a liberdade sexual, apontando para a tutela do correcto desenvolvimento fisiológico ou psíquico do menor[45], ou, de modo mais genérico, da dignidade da pessoa do menor[46]. Já MOURAZ LOPES, embora recuse a ideia de que os menores estejam obrigados à castidade, não apresenta uma explicação muito distante das anteriores. Na verdade, o autor acaba por concluir que os tipos penais respeitantes aos menores terão por finalidade *"...assegurar que as crianças e os jovens possam alcançar um desenvolvimento livre da sua personalidade do ponto de vista sexual.*[47]*"*

Também os Códigos Penais Alemão e Espanhol suscitam dúvidas quanto à existência de efectiva liberdade sexual para os menores de determinada idade. No caso Alemão, o §176.º não exige nenhum elemento indiciador de restrição da liberdade do menor de 14 anos, embora esteja situado numa secção relativa aos "Crimes contra a liberdade sexual". À semelhança do que acontece com o nosso art. 172.º, o único elemento que aponta para a tutela efectiva da liberdade sexual está inserido na epígrafe: "Abuso sexual de crianças".

O Código Penal Espanhol vai mais longe e estabelece uma verdadeira presunção *iuris et de jure*[48] de que os menores de 13 anos nunca poderão prestar um consentimento válido. Numa única norma, o legislador espanhol prevê a incriminação, não só do abuso sexual de menores, mas também da prática de actos sexuais com pessoas inconscientes ou que sofram de

---

[45] Assim Maia Gonçalves, *Código Penal...*, p. 582.

[46] Neste sentido P. Vaz Patto, "Direito Penal e ética sexual", *Direito e Justiça*, Vol. XV, tomo 2, 2001, Lisboa, pp. 236 a 238: *"A qualificação dos crimes de abuso de menores como crimes contra a autodeterminação é forçada. Para justificar e compreender a gravidade destes crimes, há que considerar a dignidade da pessoa do menor – ser particularmente indefeso e inocente, reduzido a objecto de prazer. O que está em causa é a protecção do desenvolvimento psiquicamente saudável e equilibrado do menor – podendo, de facto, ser afectada, no futuro, a sua autodeterminação."*

[47] Ao entender que se trata de *"...proibir a prática de actos que condicionem a liberdade de escolha e exercício da sexualidade do menor num futuro próximo"*, o autor acaba por não afirmar a existência de liberdade sexual no momento presente do menor de 14 anos, ob.cit., p. 87.

[48] Neste sentido, por todos, sem retirar quaisquer conclusões quanto ao bem jurídico, G. QUINTERO OLIVARES/FÉRMIN MORALES PRATS, in AAVV, *Comentários al nuevo Código Penal*, 2.ª Edição, Aranzadi Editorial, 2000, p. 896.

perturbações mentais[49]. Assim, torna-se importante fazer uma curta referência à forma como a doutrina espanhola explica esta presunção inilidível de consentimento viciado.

E. ORTS BERENGUER entende, por exemplo, que o bem jurídico não poderá ser a liberdade sexual, mas o desenvolvimento gradual e a descoberta espontânea da sexualidade, sem experiências traumáticas ou intromissões de adultos numa esfera tão íntima[50].

Numa posição intermédia, mas também ambígua, J.J. BEGUÉ LEZAÚN entende que o bem jurídico tutelado não deixa de ser, ainda que indirectamente, a liberdade sexual, embora esteja em causa, essencialmente, a livre formação da personalidade do menor[51].

Já SAINZ CANTERO, quando procede à delimitação da intervenção penal na esfera sexual, parece ser mais restritivo, ao entender que apenas se deverá punir quando a imposição de um comportamento sexual envolva violência ou intimidação, ou tenha havido abuso de uma relação de ascendência ou dependência; e ainda quando o comportamento envolva corrupção de um menor por um adulto[52].

A opinião mais crítica é a de SÁNCHES TOMÁS[53]. Este autor prestou maior atenção ao problema da compatibilização entre a tutela penal sexual dos menores e preservação do seu espaço de liberdade. SÁNCHES TOMÁS

---

[49] Actual n.º 2 do art. 181.º do Código penal Espanhol, com a redacção dada pela LO 11/99, de 30.04. A redacção anterior tinha apenas de diferente a idade do menor, 12 anos, *idem*, p. 894.

[50] "...*cuando se ejecutan (actos sexuais) sobre un menor de doce años no acaba de ser correcto señalar a la libertad sexual como el objeto de la protección, puesto al menor de aquella edad no se le reconoce tal libertad pues, si se le reconociera, no se reputaría no consentido el abuso en todo o caso.*", in AAVV, *Comentarios al Código Penal de 1995*, vol. I, Tirant Lo Blanch, Valência, 1996, p. 937. Apesar da norma não fazer qualquer distinção, o mesmo autor, no que diz respeito àqueles que padecem de doenças mentais, já exige que haja efectivamente abuso, ou seja, aproveitamento da deficiência, pois não seria aceitável privar estas pessoas, de modo absoluto, da liberdade sexual, *idem*, pp. 940 e ss.

[51] *Delitos contra la libertad e indemnidad sexuales: ley orgánica 11/99, de 30 de Abril*, Bosch, Madrid, 1999, p. 211. O autor cita ainda jurisprudência que embora se refira em geral, à corrupção de menores, dá a entender que os menores de determinada idade não terão maturidade para tomar decisões responsáveis no plano da sexualidade, pelo que cabe ao estado proteger a sua dignidade e liberdade futuras, *idem*, pp. 208 e ss.

[52] Ob.cit., p. 239.

[53] O autor começa por criticar a lei espanhola, quando faz equivaler os menores de 12 anos, os deficientes mentais e as pessoas privadas de sentido, como se nenhum deles pudesse dar consentimento, entendendo que nos dois primeiros casos existe apenas um consentimento viciado e não ausência do mesmo, ob.cit., p. 99.

entende que o bem jurídico tutelado pelas incriminações respeitantes aos menores só poderá ser a liberdade sexual, pois o direito à liberdade está constitucionalmente previsto para todos[54], sem que seja excepcionada a componente sexual da liberdade.

Mas dizer que o bem jurídico protegido pelos crimes de abuso sexual de crianças ou menores é a liberdade e/ou a autodeterminação sexual não é suficiente. Isto porque, como já vimos pelas opiniões de alguns autores, se aceitarmos que o legislador pode estabelecer que qualquer contacto sexual com um menor é danoso, pelo que deve ser incriminado, estamos a tirar com uma mão o que demos com a outra.

Se por um lado aceitamos que os menores de 14 anos possuem liberdade sexual, por outro impomos que os mesmos não tenham contactos sexuais de qualquer espécie, retirando-lhes o efectivo gozo dessa liberdade.

Será, portanto, irrelevante restringir-se a capacidade de gozo ou a capacidade de exercício da liberdade sexual, a não ser no que concerne à aplicação dos arts. 163.º e 164.º aos menores de 14 anos. De facto, se entendermos que os menores não dispõem sequer de capacidade de gozo de liberdade sexual, sendo este o único bem jurídico tutelado pelos crimes de coacção sexual e violação, os mesmos nunca poderiam ser vítimas típicas destes crimes.

Os menores seriam então protegidos apenas pelo art. 172.º, procedendo-se à punição em concurso efectivo com os crimes de coacção, ameaças ou ofensas à integridade física quando os meios empregues fossem os descritos no art. 163.º do Código Penal. No entanto, o legislador expressamente reconhece que os menores de 14 anos poderão ser e serão vítimas de coacção sexual e violação, estabelecendo uma agravação das penas aí previstas em função da diminuta idade, no n.º 4 do art. 177.º do Código Penal[55].

---

[54] *Idem*, pp. 110 e ss.

[55] De acordo com M. JOÃO ANTUNES, só a existência desta agravação impede o concurso efectivo entre os crimes de coacção sexual ou violação com o crime de abuso sexual de crianças, *Comentário...*, cit. p. 591. Somos forçados a discordar, já que a proibição de dupla valoração sempre obrigaria à existência de concurso aparente. O contacto sexual com o menor só poderia ser alvo de uma fonte de censura penal, embora se houvesse o recurso à violência ou ameaças devesse então ocorrer concurso efectivo. Só que o concurso não seria com os crimes previstos nos arts. 163.º e 164.º, mas sim com os previstos nos arts. 153.º e ss., e 143.º e ss. do Código Penal. Quanto ao fundamento da agravação concordamos com TERESA BELEZA quando a encontra na especial vulnerabilidade da vítima e não na protecção de uma suposta inocência das mesmas, pelo que se deveria estender a todos os crimes contra as pessoas, "Sem sombra de pecado...", cit. pp. 169 e 170; No mesmo sentido, defendendo a extensão da agravação às vítimas mais idosas, M. JOÃO ANTUNES, *Comentário...*, cit., p. 592.

Se os menores de 14 anos dispõem, afinal, de liberdade sexual, de tal forma que a mesma pode ser alvo de restrições ilícitas, será legítimo ao legislador penal impor, ainda que forma indirecta, que aqueles não possam, afinal, desfrutar desta liberdade?

Existem duas questões às quais dar resposta na resolução deste problema. Desde logo, cumpre saber se existe algum fundamento válido para impedir os menores de 14 anos de experimentarem qualquer espécie de contactos sexuais. Num segundo momento, teremos que recordar os limites genericamente traçados à intervenção penal no campo da vida sexual, para sabermos se é legítima a imposição de uma total abstinência sexual aos menores de 14 anos.

A primeira questão não nos suscita grandes dificuldades, embora as respostas não se encontrem apenas no direito, mas também na medicina e psicologia. É verdade que as crianças são naturalmente mais frágeis e vulneráveis a influências negativas. É certo também que ser criança e estar em crescimento, implica que se esteja a percorrer um longo e progressivo caminho na formação da personalidade e da vontade individual.

E é claro que se pretende que este processo decorra de forma espontânea sem pressas ou sobressaltos e, essencialmente, sem influências perturbadoras ou traumatizantes para o menor. Mas também não é menos verdade que crescer implica interagir com o mundo e com os outros, crianças e adultos.

É impensável que qualquer criança construa a sua personalidade de forma saudável, isolada num ambiente asséptico, ou seja, sozinha e sem sofrer nenhum tipo de influências. A própria noção de construção sugere que a criança se socorra de elementos existentes à sua volta, de vivências e experiências que servirão para sedimentar as bases da sua personalidade e moldar, fortalecendo, o seu carácter e as suas estruturas emocionais e psicológicas[56].

---

[56] Num sentido próximo, entendendo que as experiências entre jovens são benéficas para o seu crescimento sexual, NATSCHERADETZ, ob.cit., p. 154; colocando em dúvida a indiscutibilidade do carácter naturalmente nocivo das experiências sexuais dos menores, COSTA ANDRADE, *Consentimento e acordo...*, cit., p. 397. Nem faria sentido exigir-se uma total castidade dos menores até aos 14 anos, para depois se permitir que os mesmos tivessem quaisquer contactos sexuais, desde que não houvesse abuso da inexperiência (art. 174.º Código Penal)! Ora, se aos menores de 14 anos for vedada toda e qualquer experiência, não se vê como é que a ausência desta não seja depois uma peça fundamental nos contactos sexuais de um jovem de 14 anos.

Esta lógica, de que não existe processo sem sucessão de actos, não é estranha aos autores atrás citados. Vejam-se as palavras elucidativas de VAZ PATTO: *"...é a iniciação precoce da actividade sexual de forma pervertida, com a instrumentalização do menor como objecto de prazer, desligado de componentes afectivas que está em causa – coisificação da vítima.[57]"*

Mas ainda que a maioria não aceite que algumas experiências poderão ser benéficas para o amadurecimento sexual de um menor de 14 anos, o inverso também não acolherá o consenso de todos. Uma extensão da protecção da juventude que imponha a castidade absoluta, ou mesmo a *intocabilidade* dos menores de 14 anos, só poderá corresponder à tutela da moralidade de alguns. E nunca à tutela de uma situação valiosa para o direito, a cuja mínima alteração terá que corresponder um prejuízo injusto e intolerável para o menor[58].

Presumir que todo e qualquer acto sexual será sempre danoso para o menor de 14 anos, equivale a negar-lhe um espaço de liberdade sexual. Para justificar uma tão extensa restrição da liberdade deste, seria necessário demonstrar-se que a experimentação sexual, quando diga respeito a menores de 14 anos nunca apresenta qualquer vantagem para o desenvolvimento deste. E que a mesma conduz, muito provavelmente, à corrupção sexual do menor. Deveria ainda demonstrar-se que a experimentação sexual se afigura desnecessária para que o menor possa, progressivamente, construir a sua personalidade sexual. Ora, a vertente sexual da construção da personalidade do menor não surge somente aos 14 anos. Está presente desde o seu nascimento e em todos os pequenos passos que este irá dar no sentido da plena maturidade. A liberdade sexual do menor de 14 anos, mais do que desejável, é necessária para que este usufrua de um saudável e amplo desenvolvimento da personalidade.

Por outro lado, teremos também que reconhecer que o menor dispõe, pelo menos no plano constitucional, de liberdade sexual. E não apenas porque pode ser vítima de coacção sexual ou violação, mas porque os di-

---

[57] Ob.cit., p. 138. Repare-se também nas dúvidas suscitadas por FIGUEIREDO DIAS relativamente à extensão da punição prevista no art. 172.º, in *Comentário*..., cit., p. 542.

[58] NATSCHERADETZ entende que a protecção da juventude no âmbito do direito penal sexual não deverá ter por objectivo a interiorização por parte desta de valores morais da conduta sexual, mas sim precavê-los de certos estímulos sexuais até que eles possam decidir por si, ob.cit., p. 153.

reitos previstos na lei fundamental, neste caso particular o direito à liberdade previsto no seu art. 27.º n.º 1, existe para todos, independentemente da idade, sexo, raça, etc.[59]. Quanto muito, o exercício de alguns dos direitos constitucionalmente previstos pode estar sujeito a condicionantes decorrentes de impossibilidades físicas ou legais, estas últimas desde que justificadas, e respeitado o princípio da proporcionalidade.

Concluímos assim que não será sempre negativo e indesejável para o seu desenvolvimento saudável, que o menor de 14 anos possa ter contactos sexuais. Concluímos também que o menor de 14 anos tem direito à liberdade, e portanto, tem igualmente direito à liberdade sexual[60].

Resta saber se será justificado, por alguma razão, que a lei imponha restrições absolutas ao exercício da mesma. Nesta matéria, SÁNCHES TOMÁS[61] não tem dúvidas de que tal não será legítimo. Segundo o autor, se exigíssemos determinadas capacidades para o exercício de direitos (ou

---

[59] No mesmo sentido SÁNCHES TOMÁS, ob.cit., p. 110. O autor explica que, se assim não fosse, o menor de 12 anos (face à anterior redacção do art. 181.º do Código Penal Espanhol, já que actualmente o limite foi aumentado para os 13 anos) também não teria liberdade ambulatória, ideológica ou de expressão. Estes menores não poderiam professar uma religião, ou manifestar uma posição ética ou moral: *"En última instancia se estaria imposibilitando su educación."*, idem, p. 111.

[60] Face aos recentes acontecimentos, criou-se uma espécie de pânico que tem repercussões inevitáveis no relacionamento, quer entre crianças, quer entre crianças e adultos. Este ambiente de desconfiança geral pode ser prejudicial para a criança em desenvolvimento, pois o que antes lhe seria natural e faria com ingenuidade, hoje compreende como algo de proibido e errado, o que irá gerar-lhe sentimentos ambíguos e menos saudáveis face à sexualidade. Assim é verdade que, muitas vezes, *"...a «histeria de massas» contra abusadores sexuais de crianças é tão ou (por vezes) mais responsável por perigos (ou danos) para o desenvolvimento harmonioso da personalidade da criança na esfera sexual do que os próprios agentes do crime."*, FIGUEIREDO DIAS, *Comentário...*, cit., p. 553.

[61] Ob.cit., pp. 109 e ss. Para SÁNCHES TOMÁS os autores que entendem que os menores de 12 anos e os deficientes mentais nunca poderão consentir validamente numa relação sexual, fazem-nos por exigirem, para o exercício da liberdade sexual, uma determinada capacidade de consciência das consequências dos actos sexuais, ou elevadas faculdades de conhecimento e vontade para fazer tal valoração. Assim, na verdade, estes sujeitos não possuem liberdade sexual. Então o bem jurídico tutelado não poderá ser a liberdade, mas sim a intangibilidade ou integridade sexual destes. Mais uma vez, a falha de um tal raciocínio é óbvia: se o menor de 14 anos está impossibilitado de viver qualquer experiência sexual, ter qualquer comportamento sexual a dois, ele nunca irá adquirir as "elevadas faculdades de conhecimento", nem a "capacidade de ter consciência das consequências dos actos sexuais" – estaremos apenas a adiar o momento em que o menor será "lançado", sem apoio, no mundo da sexualidade!

liberdades), então os menores de 14 anos também não teriam liberdade ambulatória ou de expressão.

De facto, não cabe ao legislador, constituinte ou ordinário, estabelecer este tipo de exigências, porquanto, se assim fosse, elas não deveriam ser apenas impostas aos menores mas sim a todos, independentemente da idade e consoante as suas capacidades físicas, psicológicas e sociais[62]. O legislador encontra-se, necessariamente, tão limitado quanto o Estado na sua intervenção repressiva na vida social: ele pode restringir o exercício de direitos quando este lese ou coloque em risco outros bens jurídicos, nomeadamente quando afecte, de modo injusto, a liberdade e a vontade alheias.

Só se justifica, portanto, a restrição da liberdade sexual do menor quando se demonstre, efectivamente, que um determinado contacto sexual coloca em causa outros valores ou bens fundamentais, a saber, a liberdade ou autodeterminação do menor e o livre desenvolvimento da sua personalidade[63]. Se a lei for mais além, impondo a abstinência aos menores, o direito penal estará a colocar em causa a própria liberdade sexual dos menores[64].

---

[62] Todos seríamos então alvo de avaliações tendentes a determinar o âmbito dos direitos de que poderíamos usufruir, sendo ordenados em escalões: consoante as suas capacidades, uns teriam mais direitos que outros.

[63] Assim SÁNCHES TOMÁS. Segundo o autor só é admissível a restrição de direitos fundamentais quando haja colisão de direitos, a liberdade poderá ser restringida em nome da dignidade da pessoa humana e do direito ao livre desenvolvimento da personalidade, se entendermos que as relações sexuais têm efeitos negativos nestes dois últimos direitos. Mas será sempre necessário demonstrar-se, efectivamente, esta incidência negativa – a colisão não pode ser estabelecida por presunções inilidíveis. Pelo contrário, o autor entende que a imposição da abstinência pode mesmo ser prejudicial para o desenvolvimento do menor, pelo que a leitura literal do preceito espanhol seria inconstitucional por envolver uma restrição injustificada e desproporcional do direito à liberdade, ob.cit., pp. 111 a 113.

[64] Não aceitamos, portanto, a cisão entre vertente positiva e negativa de liberdade sexual. Para aqueles que queiram ver no art. 172.º uma total irrelevância da vontade do menor dirigida à sexualidade, a justificação de tal restrição à sua liberdade é simples: o direito penal estará, aqui, a garantir da forma mais eficaz possível que a vertente negativa da liberdade sexual dos menores não seja colocada em causa. Isto é, que estes não suportem condutas sexuais para as quais não deram o seu livre e esclarecido consentimento, que não podem efectivamente dar por causa da sua imaturidade. Quanto à vertente positiva da liberdade sexual, estaria ficaria de fora da tutela penal... Não nos podemos contudo esquecer que não haverá real liberdade se a sua vertente positiva não for, também, assegurada pelo direito. Em sentido divergente, ANABELA RODRIGUES MIRANDA entende que se trata

Sem afastarmos a poderação da dignidade do menor e da livre formação da sua personalidade, necessariamente presentes nestas incriminações, entendemos que negar todo e qualquer espaço de liberdade sexual do menor seria também negar-lhe esta mesma dignidade enquanto ser humano completo.

Se, como atrás concluímos, os menores de 14 anos podem, na construção da sua personalidade, ter contactos sexuais, já que dispõem de liberdade sexual, então como entender o art. 172.º do Código Penal? Se a liberdade sexual dos menores já é tutelada pelos arts. 163.º e 164.º, qual a necessidade de criar uma outra norma a proteger o mesmo bem jurídico? Na nossa opinião, a resposta à segunda questão é clara: as normas referidas tutelam formas de agressão da liberdade sexual distintas, circunstância que não sequer é exclusiva dos crimes sexuais nem da protecção de menores[65]. Também os arts. 163.º n.º 2, 164.º n.º 2[66], 165.º a 167.º tutelam a liberdade sexual, embora não incriminem agressões tão graves como as previstas nos arts. 163.º n.º 1 e 164.º n.º 1 do Código Penal – precisamente porque, naqueles casos, o bem jurídico a proteger encontra-se mais vulnerável a todo o tipo de agressões.

Da mesma forma, o art. 172.º não deixa de tutelar a liberdade sexual do menor. Simplesmente o legislador entendeu, e bem, que os menores de 14 anos necessitam de uma protecção maior do que os adultos, dada a sua fragilidade e vulnerabilidade a agressões sexuais que naqueles poderiam nem sequer assumir gravidade suficiente para que merecessem tutela penal.

---

de uma protecção absoluta da liberdade sexual do menor, pelo que parece que a protecção pode então abranger a própria aniquilação da liberdade, "O papel dos sistemas legais e a sua harmonização para a erradicação das redes de tráfico de pessoas", in *RMP*, ano 21, n.º 84, 2000, p. 28.

[65] Veja-se que qualquer pessoa pode ser alvo de coacção sexual, mas as pessoas que estejam internadas numa instituição podem ser alvo, para além de coacção sexual, de abuso sexual de pessoa internada (art. 166.º do Código Penal). E nem por isso se conclui que esta categoria de pessoas não possui liberdade sexual, simplesmente se constata que, dada a sua situação de maior fragilidade, o leque de protecção contra agressões deve ser mais amplo. O mesmo pode retirar-se das palavras de FIGUEIREDO DIAS, que relembramos aqui: *"...a secção II estende essa protecção (da liberdade e/ou autodeterminação sexual) a casos que ou não seriam crime se praticados entre adultos ou o seriam dentro de limites menos amplos, ou assumiriam em todo o caso uma menor gravidade..."*, in *Comentário...*, cit., p. 442.

[66] Atenção, pois entendemos que os menores não podem ser vítimas dos crimes previstos nas duas normas referidas – ver infra, ponto II.3.E.

Sendo os menores naturalmente mais frágeis, estão mais vulneráveis também pela sua imaturidade e inexperiência, a formas de pressão, manipulação, engano ou coacção da vontade do que a maioria dos adultos. E estando em processo de formação da personalidade, o direito a crescer de uma forma livre e saudável exige que haja uma maior protecção da livre expressão da sua vontade, sexual ou outra. E não é estranho ao direito penal que os bens jurídicos mais frágeis, quer por natureza, quer por circunstância, sejam protegidos com maior intensidade[67].

Se o bem jurídico tutelado pelo art. 172.º é apenas a liberdade sexual do menor, então cumpre saber que condutas é que lesam ou colocam em perigo essa liberdade, estando assim abrangidas na incriminação. Mas primeiro há que excluir a possibilidade de nos encontrarmos, à semelhança do que acontece na lei espanhola, perante presunções inilidíveis de lesão ou colocação em perigo do bem jurídico liberdade do menor.

Desde logo porque não temos dúvidas em qualificar as presunções, ilídiveis ou não, no direito penal ou processual penal, como não sendo conformes à constituição, por violação dos princípios da presunção de inocência e da culpa[68]. Em segundo lugar, porque o efeito prático do estabelecimento de tais presunções seria o mesmo da negação da liberdade sexual para os menores.

Devemos antes procurar identificar aquelas condutas que lesam a liberdade sexual do menor de 14 anos recorrendo à definição de abuso sexual. De facto, o que se pretende proibir e incriminar são aqueles actos sexuais levados a cabo com um menor que consistam de um abuso da sua fragilidade, imaturidade ou vulnerabilidade. São estas as condutas que,

---

[67] Assim, SÁNCHES TOMÁS, para quem o fundamento da incriminação é o aproveitamento da maior debilidade dos menores, o qual consiste de um ataque à sua liberdade, ob.cit., p. 100. Enquanto a protecção da pureza da vontade nos adultos é mais limitada, nos menores ela é absoluta: qualquer elemento que adultere um processo espontâneo, livre e autónomo de formação da vontade do menor deverá permitir a incriminação da conduta sexual.

[68] Mostrando-se absolutamente contrário às presunções em direito penal, SÁNCHES TOMÁS, *idem*, p. 100. O que não implica a inconstitucionalidade automática dos crimes de perigo abstracto, já que nem todos recorrem a presunções de lesão ou colocação em perigo de bens jurídicos, sendo assim possível elaborar-se um juízo de culpa em cada caso concreto, ver infra ponto II.2.A.

para além de violarem a sua liberdade sexual, lesam ou colocam em causa o desenvolvimento saudável da personalidade do menor[69].

A melhor interpretação do art. 172.º do Código Penal, será aquela que exigir para a sua verificação, a existência de um verdadeiro abuso sexual da criança[70].

Passemos então à definição de abuso sexual de menores. Desde logo, estamos perante contactos de natureza sexual com uma criança ou menor. Mas serão contactos obtidos em circunstâncias especiais, em que a inexistência de oposição da criança ou o seu "consentimento" são considerados viciados, e portanto irrelevantes.

Isto acontecerá quando ocorra um abuso[71]. O abuso implicará o aproveitamento[72], por parte do agente, de uma circunstância pré-existente susceptível de colocar a vítima numa situação de fragilidade, para alcançar um objectivo ou conseguir uma prestação de outrem que, de outra forma, nunca aconteceria. É constituído por dois elementos: um elemento objectivo, uma circunstância fonte de desigualdade; e um elemento subjectivo, o aproveitamento desta circunstância.

No que diz respeito aos menores, as definições de abuso sexual podem dividir-se em dois tipos: aquelas que se baseiam na impossibilidade do menor em prestar consentimento devido à sua fragilidade natural (elemen-

---

[69] De acordo com NATSCHERADETZ *"protege-se uma vontade individual insuficientemente desenvolvida e apenas parcialmente autónoma, dos abusos que sobre ela executa um agente, aproveitando-se da imaturidade do jovem para a realização de acções sexuais bilaterais"*, ob.cit., p. 153.

[70] Em contrapartida, não é correcto que o legislador, para evitar ter que definir o que seja abuso sexual, opte por presumir que todo e qualquer contacto sexual com um menor consista de um abuso, de uma violação da sua liberdade sexual! No mesmo sentido, SÁNCHES TOMÁS, entende que o abuso será um elemento limitador da incriminação, que permite a comprovação da efectiva lesão da liberdade sexual. O crime de abuso sexual de crianças não poderá ser, portanto, um tipo objectivo, sendo sempre necessário um elemento subjectivo – o abuso, ob.cit., pp. 120 e ss.

[71] Por abuso deverá entender-se: *uso ilegítimo ou incorrecto de alguma coisa, nomeadamente do poder, de perrogativas, da liberdade, da força ou de qualquer outra capacidade, Dicionário...*, cit., I vol., p. 33. Neste caso haverá uso ilegítimo da superioridade do adulto sobre a criança.

[72] De acordo com BERENGUER, o aproveitamento consiste da utilização do conhecimento para conseguir a auto complacência da vítima e, no fundo, a utilização desta como mero objecto, ob.cit., p. 942.

to objectivo)[73]; e aquelas que dão mais importância ao aproveitamento, por parte de uma pessoa com ascendência sobre a criança, da fragilidade ou imaturidade desta (elemento subjectivo)[74]. Temos que rejeitar a definição avançada pelo primeiro grupo de autores, já que a mesma suscita dúvidas sobre a possibilidade de, em algum caso, um menor de 14 anos poder prestar um consentimento válido.

A definição mais completa parece-nos ser a do NCCAN[75], de acordo com a qual o abuso sexual englobará quaisquer *"...contactos ou interacções entre uma criança e um adulto, quando a criança é utilizada para satisfação sexual do abusador ou de outra pessoa. O abuso sexual pode ser cometido entre menores, desde que o agressor seja significativamente mais velho do que a vítima, ou quando está numa posição de poder ou controlo sobre a outra criança.*[76]*"*

O que está em causa no abuso sexual é o aproveitamento de uma situação de desigualdade, ocorrendo uma instrumentalização do menor. Esta desigualdade deriva da fragilidade, imaturidade e inexperiência do menor face à experiência de outrem, que não será necessariamente um adulto[77], ou sua ascendência sobre o menor.

---

[73] Assim DENNIS HOWITT, definindo abuso sexual como qualquer contacto sexual entre um agressor e uma vítima que, devido à sua idade ou imaturidade, é incapaz, pela lei ou na realidade (devido à falta de compreensão das consequências do acto), de prestar o seu consentimento, ob.cit., p. 12. No mesmo sentido, veja-se a definição avançada pelo relatório do 2.º CMESC, relativo à "Exploração sexual e comercial de crianças": envolvimento numa actividade sexual de uma criança que é incapaz de prestar um consentimento esclarecido por não compreender as consequências dos actos sexuais, e/ou de uma criança que não se encontra suficientemente desenvolvida ou não apresente suficiente maturidade para prestar tal consentimento, cit. p. 7.

[74] Já SÁNCHES TOMÁS entende que haverá abuso quando a relação sexual se revele nefasta para o menor, o que acontece quando há um aproveitamento da sua imaturidade, ou instrumentalização deste ob.cit., p. 114. Também ISABEL ALBERTO entende que só haverá exploração sexual de um menor, quando o contacto sexual seja perpetrado por alguém mais velho, não tendo a criança ou adolescente condições nem maturidade psicossocial para avaliar e vivenciar de modo positivo essa relação, nem de dar o seu consentimento efectivo face à figura de autoridade, *Abuso sexual de menores. Uma conversa sobre Justiça entre o Direito e a Psicologia*, cit., p. 36.

[75] *National Center on Child Abuse and Neglect*.

[76] Citado por ISABEL ALBERTO, *Abuso sexual de menores. Uma conversa sobre Justiça entre o Direito e a Psicologia*, cit., p. 37.

[77] Houve quem propusesse o estabelecimento de uma diferença mínima de idades entre agressor a abusado: propondo 3/4 anos, NATSCHERADETZ, ob.cit., p. 154; referindo

E podemos ir mais longe, identificando certas situações concretas de abuso sexual. A desigualdade estará sempre presente, ou quase sempre, quando se trate de um adulto, embora possa, excepcionalmente, não existir aproveitamento. A desigualdade é manifesta quando se trate de uma figura de autoridade (pai ou outro familiar próximo, professor, treinador, tutor, etc.) ou quando haja uma relação de dependência, económica ou de outra natureza.

Mesmo não havendo grande ou nenhuma diferença de idades, pode existir desigualdade sempre que uma das crianças se encontre numa posição de submissão face ao outro menor (por causa da sua superioridade física ou psicológica), ou quando um dos menores exerce um forte ascendente sobre o outro (no âmbito de relações familiares, ou nos casos de autoridade delegada no menor pelos adultos).

Existirá aproveitamento da circunstância objectiva pré-existente sempre que o abusador se socorra da mesma para obter o consentimento do menor, ameaçando-o de exercer o seu poder para lhe impor uma consequência menos agradável, embora esta não seja grave[78], ou mesmo real, tendo em conta à natural credulidade das crianças[79]. Pode nem existir sequer uma ameaça expressa, desde que ao menor seja compelido a submeter-se à vontade do abusador.

Estarão abrangidas também no conceito de abuso sexual de crianças as situações em que o menor é levado a acreditar que deverá prestar o seu consentimento, ou não opor resistência, através do engano[80].

---

uma diferença de 5 anos, mas criticando este mecanismo, ISABEL ALBERTO, *Abuso sexual de menores. Uma conversa sobre Justiça entre o Direito e a Psicologia*, cit., p. 37. SÁNCHES TOMÁS limita-se a referir que na maioria dos casos, a existência de uma grande diferença de idades corresponderá a um abuso, exigindo, contudo, que tal seja comprovado pelo julgador, ob.cit., p. 126.

[78] Face à delimitação do campo de aplicação dos arts. 163.º n.º 1 e 164.º n.º 1 em relação ao art. 172.º todos do Código Penal.

[79] São os casos em que o professor ameaça o aluno com uma nota negativa, ou quando o pai ameaça a filha de que não a deixará ver televisão ou sair com os amigos (veja-se o Ac. STJ de 15.06.00, *BMJ*, 498, pp. 148 e ss.). Podem também incluir-se aqui os casos em que o menor de 14 anos é induzido a não opor resistência sob pena de ser considerado "medricas" por toda a gente, ou ser o único que não adopta aquele comportamento, etc.

[80] Trata-se daqueles casos em que a figura de autoridade ou com ascendência sobre o menor de 14 anos o leva a crer que o comportamento sexual em causa é normal ou obrigatório. Por exemplo, o pai que convence a filha menor de que certos toques são perfeitamente naturais como manifestação de amor filial, conseguindo assim que esta não resista, por receio de que o pai pense que não gosta dele.

Por fim, existe ainda aproveitamento da vulnerabilidade e imaturidade do menor quando o consentimento deste for obtido em troca de dinheiro ou outros presentes e favores[81]. Também aqui a vontade do menor se deverá considerar viciada – dada a sua pouca compreensão do significado ou das consequências de certos comportamentos sexuais, a introdução de um elemento de natureza "comercial" no processo de formação da vontade do menor retirar-lhe-á o carácter espontâneo, não se obtendo assim uma vontade livre e autónoma[82].

Já relações de verdadeira afectividade, como são o caso de algumas experiências sexuais entre menores, que sejam naturais ou constituam parte integrante do saudável desenvolvimento da identidade sexual do menor, não se poderão considerar abrangidas pelo tipo constante do art. 172.º do Código Penal, por não corresponderem a abusos sexuais.

C. O lenocínio e tráfico de menores

Não tivemos dúvidas em afirmar que o bem jurídico tutelado pelo art. 172.º do Código Penal era apenas a liberdade sexual[83]. Mas será que podemos entender esta resposta a todas as incriminações respeitantes a menores de 14 anos? Debrucemo-nos sobre o art. 176.º, relativo ao lenocínio (n.ºs 1 e 3) e ao tráfico de menores (art. 176.º, n.º 2, com a agravação prevista no n.º 3).

---

[81] Dada a equivalência de circunstâncias faria sentido que fosse incriminado o professor que ameaçasse com uma nota negativa e não o fosse aquele que promete uma boa nota em troca do contacto sexual!

[82] Parece ser este também o entendimento da Comissão Europeia, se tomarmos em consideração o art. 2.º do Projecto de Decisão-Quadro da Comissão relativo à exploração sexual de crianças, onde se dispõe o seguinte: *"Cada Estado-Membro tomará as medidas necessárias para garantir que os seguintes comportamentos são puníveis: a) coacção, exploração, incitamento, benefício ou outras formas de favorecimento da prostituição de uma criança; b) envolvimento de uma criança num comportamento sexual, sempre que: (i) seja utilizado incitamento ou coacção, violência ou ameaças; ou (ii) em troca de serviços sexuais, sejam oferecidos a uma criança dinheiro, outros meios de valor económico ou outras formas de remuneração; ou (iii) seja utilizada autoridade ou influência sobre a vulnerabilidade da criança."*

[83] Embora não se negue que a incriminação irá tutelar também, de forma indirecta, o livre desenvolvimento da personalidade e a dignidade do menor. Mas este fenómeno não é novo, também os arts. relativos à protecção da honra, 181.º e ss. do Código Penal, tutelam, de forma indirecta, a dignidade da pessoa humana.

Também aqui a maioria dos autores nega que o bem jurídico seja a liberdade sexual dos menores[84], ou associa-o à protecção do livre desenvolvimento da personalidade do menor, ou da sua dignidade[85].

O único autor que parece admitir ser sempre a liberdade sexual o bem jurídico tutelado pelos delitos relativos ao lenocínio e tráfico de menores é BEGUÉ LEZAÚN. Este autor afirma que o legislador espanhol, ao punir estas condutas referidas apenas quando dirigidas a menores, considerou que quando alguém se dedica livremente ao comércio do seu corpo, não haverá necessidade de tutela penal, o que aponta para a protecção da liberdade[86].

Quanto a nós, entendemos que não existem motivos para não ser também a liberdade sexual do menor o bem jurídico tutelado no art. 176.º do Código Penal.

Dissemos já capítulo anterior, que o facto de se conseguir um comportamento sexual de um menor em troca de dinheiro consistiria de um abuso sexual, por não existir um processo espontâneo e absolutamente livre de formação da vontade deste, e que lesava, portanto, a sua liberdade

---

[84] Assim E. Horn, referindo-se à protecção da juventude e da liberdade pessoal e económica da pessoa prostituída, "Straftaten gegen die sexuelle Selbstbestimmung" in Rudolphi/Horn/Samson/Schreiber, *Systematischer Kommentar zum Strafgesetzbuch. Band 2. Besonderer Teil*, Alfred Metzner, Frankfurt am Main, 1981, p. 1, citado por NATSCHERADETZ, ob.cit., p. 127; MARIA JOÃO ANTUNES, *Comentário...*, p. 577; E. ORTS BERENGUER distingue consoante haja o uso de coacção, violência, engano ou abuso de situação de necessidade – previsão constante do tipo de lenocínio de menor agravado, art. 188.º do Código Penal Espanhol – caso em que o bem jurídico tutelado será ainda a liberdade sexual do menor, ou não – previsão do art. 187.º do mesmo código – estando, nestas situações, em causa o livre desenvolvimento do menor, ob. cit., pp. 967 e ss.

[85] ANABELA MIRANDA RODRIGUES, "O papel dos sistemas legais...", cit., p. 27.

[86] Ob.cit., p. 184. No que diz respeito ao art. 187.º do Código Penal Espanhol, a posição deste autor é um pouco ambígua, embora cite jurisprudência no sentido da protecção da liberdade sexual do menor: *"...la protección de la libertad sexual alcanza a zonas periféricas de intermediación, facilitación o aprovechamiento de la prostitución que impregnan con su siempre interesada colaboración o indirecta participación al desarrollo del tráfico sexual de quien se prostituye y a quién, en definitiva, se explota, por mucho que se dote, eufemísticamente, de voluntariedad a su decisión de dedicarse mediante precio al comercio carnal..."*, STS de 25.04.1996, cit., p. 175. Já no que diz respeito ao art. 188.º do mesmo código o autor não tem dúvidas, pois aí se exige a coacção, violência, abuso de superioridade ou engano. No mesmo sentido parece apontar a jurisprudencia: *"Este bien jurídico como claramente se desprende del enunciado del título, no es otro que la libertad sexual."* STS de 12.01.98, cit., p. 186.

sexual. Se assim é, então o fomento, favorecimento ou facilitação do exercício da prostituição do menor de 14 anos não é mais do que uma forma de promoção do abuso sexual deste[87].

Também não será fácil demonstrar que um menor de 14 anos, com plena consciência da sua decisão, conhecimento das consequências dos seus actos e total liberdade de opção, escolha dedicar-se à prostituição[88]. E não mudamos de opinião pelo facto de não se exigir, para a verificação do tipo base, nenhum meio que manifestamente lesione a liberdade sexual (coacção, violência, engano). A instrumentalização do menor estava sempre subjacente à exploração da sua prostituição.

Aqueles elementos também não são necessários para que se verifique uma situação de abuso sexual, embora devessem agravar a penalidade do lenocida ou traficante. E porque a vulnerabilidade do menor acarreta uma maior fragilidade do bem jurídico, que se justifica a protecção de todas as formas de agressão, por menos gravosas que pareçam ser[89].

D. O exibicionismo e condutas afins

A previsão da responsabilidade penal pela prática de actos exibicionistas encontra-se no art. 171.º do Código Penal. Mas, no que diz respeito

---

[87] Quanto à segunda parte do art. 176.º n.º 1, relativa à prática de actos sexuais de relevo, entendemos que deverá ser feita uma interpretação restritiva do mesmo, só relevando os comportamentos sexuais que caibam no art. 172.º, posição que explicaremos melhor no ponto II.2.B.

[88] A verdade é que também encontramos algumas dificuldades se tentarmos demonstrar o mesmo nas pessoas adultas. Parece-nos que a escolha pela prostituição resulta invariavelmente da necessidade ou da procura de uma situação económica melhor, quando o adulto não a consegue obter por outros meios, ou quando não resulta de circunstâncias mais graves ou violentas. Mas se é possível aceitar que o adulto escolha a prostituição como meio de vida, já não o podemos fazer no que concerne às crianças. Isto porque ao menor de 14 anos não lhe compete sustentar-se. O menor de 14 anos não pode ser colocado numa situação de necessidade económica que o induza a optar pela prostituição. Qual a criança que, não necessitando de nenhum bem material para prover a nenhuma das suas necessidades, decide que é mais interessante prostituir-se do que ir à escola, estar com os amigos, fazer desporto? Ao Estado cabe garantir que os menores vivem com um mínimo de condições económicas, mas se falha, deve pelo menos garantir que a liberdade sexual do menor não seja lesada por essa razão.

[89] E aqui acompanhamos parcialmente a crítica feita por ANABELA MIRANDA RODRIGUES, *Comentário...*, cit. p. 519, quando entende que a eliminação, no art. 170.º do Código Penal, de todo e qualquer elemento relativo à liberdade da pessoa prostituída o transformou num "crime sem vítima".

a menores de 14 anos, o art. 172.º n.º 3 alíneas a) e b) contém previsões específicas. A necessidade de sermos coerentes, obriga-nos a proceder a uma análise conjunta das duas normas. Só comparando o teor das expressões utilizadas pelo legislador numa e noutra, saberemos se subjacente à diversidade da palavra haverá alguma diversidade de sentido.

A alínea b) do n.º 3 do art. 172 estende o âmbito de protecção, face ao disposto no art. 171, já que o menor poderá ser "importunado" quer através de actos exibicionistas, quer por meio de conversa obscena, escrito ou objecto pornográfico.

A propósito do art. 171.º, a maioria da doutrina entende que o bem jurídico tutelado é ainda a liberdade sexual, embora possamos identificar duas construções diversas. Assim, ANABELA RODRIGUES entende que o bem jurídico tutelado só será a liberdade sexual da pessoa visada com o acto exibicionista, se o mesmo acto representar para a vítima um perigo de que lhe siga a prática de um acto sexual que seja ofensivo desta liberdade e que constitua crime. A incriminação visará então tutelar a colocação em perigo da liberdade sexual[90].

Já MOURAZ LOPES parece entender que está em causa ainda a liberdade sexual, mas numa vertente negativa. O art. 171.º visaria tutelar o direito a não ser objecto de agressões sexuais, quaisquer que fossem sejam[91]. Ou seja, procede-se, nesta norma, como que a uma extensão da protecção da vertente negativa da liberdade sexual a agressões cuja diminuta relevância determinou a sua exclusão, ao nível da tipicidade, dos arts. 163.º e 164.º do Código Penal[92].

No mesmo sentido, MUÑOZ CONDE entende que as normas relativas ao exibicionismo visam punir aquelas *"...condutas em que um autor trata de envolver um terceiro numa acção sexual sem o seu consentimento ou menosprezando a sua falta de maturação para decidir com*

---

[90] *Comentário...*, cit., p. 534. Somos, contudo, forçados a discordar desta perspectiva do art. 171.º, já que se o mesmo não for mais do que uma punição autónoma da tentativa de coacção sexual ou violação, nunca terá efectiva aplicação. Havendo efectivamente tentativa, a pena desta determinaria sempre a consumpção do crime de exibicionismo.

[91] Ob.cit., pp. 77 e 78.

[92] Não haverá, neste caso, confusão com a punição da tentativa dos crimes de coacção ou violação, pois a prática de actos exibicionista contra a vontade da vítima envolve já uma restrição à liberdade sexual, e portanto, uma lesão efectiva do bem jurídico.

liberdade, convertendo-o num mero objecto de prazer sexual alheio." [93]

As perspectivas doutrinárias sobre o bem jurídico tutelado não se mantêm quando passamos à análise do art. 172.º. Esta incriminação não visará tutelar a liberdade sexual, mas sim o desenvolvimento saudável do menor na esfera sexual, livre de influências negativas ou perturbadoras[94].

Não é indiferente a opção que tomarmos nesta matéria. A extensão das condutas abrangidas pelas alíneas a) e b) do n.º 3 do art. 172.º poderá ser mais vasta caso se entenda que o bem jurídico tutelado e o livre desenvolvimento da personalidade do menor.

No que diz respeito à prática de actos exibicionistas perante menor, apesar de não se exigir que este seja *"importunado"*, somos da opinião de que o bem jurídico tutelado não deixa de ser a autodeterminação sexual. E o mesmo concluimos no que concerne à *"actuação sobre o menor"* por meio da pornografia, pois parece-nos que as incriminações partilham objectivos e necessidades de política criminal[95].

Sobre esta matéria, pode ler-se o trabalho de RIPOLLES o qual analisa estas questões com mais detalhe. O autor expõe várias teses sobre a

---

[93] FRANCISCO MUÑOZ CONDE, *Derecho Penal, Parte Especial*, 9.ª Edição, Tirant Lo Blanch, Valência, 1993, p. 416. Cumpre referir que o direito espanhol apenas pune estas condutas quando dirigidas a menores de idade ou incapazes. Sobre este aspecto, BERENGUER entende que o facto de forçar outrem a assistir a um acto de natureza pornográfica, ou de ver material pornográfico não será uma agressão sexual, pois não se está a impor uma actividade sexual, pelo que quanto muito haverá crime de coacção simples, ob.cit., p. 910.

[94] Assim, FIGUEIREDO DIAS fala no livre desenvolvimento do menor, quanto aos actos exibicionistas, e no livre e harmonioso desenvolvimento da personalidade da criança na esfera sexual, quanto à pornografia, *Comentário...*, cit., pp. 542 e 544; BERENGUER identifica a protecção de um conglomerado de interesses: o bem-estar psíquico e o seu livre desenvolvimento, ob.cit., p. 958; em sentido divergente, MOURAZ LOPES entende que é sempre a autodeterminação sexual que se está a tutelar, visando proteger-se os menores de influências que a prejudiquem no futuro, ob.cit., p. 87.

[95] Contra esta ideia parece estar a intenção do legislador. Isto porque no projecto da Comissão Revisora de 1990, o artigo correspondente exigia que o acto exibicionista fosse adequado a impressionar fortemente o menor, e que a actuação sobre o menor tivesse o fim de o excitar sexualmente (art. 170.º n.º 4, alínea a) e b) do projecto). Na altura, FIGUEIREDO DIAS pronunciou-se a favor da específica intencionalidade da acção (para que não se punissem condutas como a prática de nudismo à frente dos filhos, etc.), mas na redacção final estas referências foram eliminadas. Veja-se, contudo, que na mesma acta, COSTA ANDRADE declarou que a finalidade específica não deixava de estar implícita às incriminações, in *Código Penal, Actas...*, cit., pp. 261 e 262.

necessidade de punição da pornografia em geral, e dos efeitos que esta teria sobre os seus destinatários[96].

No que concerne às relações entre a pornografia e as camadas mais jovens da sociedade, o autor citado pondera a susceptibilidade que a representação do sexo como puramente carnal tem de privar a juventude da possibilidade de experimentar sentimentos amorosos mais elevados, podendo acentuar-se a tendência para a estruturação de personalidades carentes de ideais[97].

Nesta perspectiva, o bem jurídico tutelado seria um desenvolvimento saudável da personalidade do menor. RIPOLLES refere também o direito a não ser confrontado involuntariamente com a pornografia[98], apontando-o como bem jurídico tutelado pelas referidas incriminações. No entanto, acaba por concluir que, a existir tal direito, ele não seria digno de tutela penal, por não se afigurar necessária nem desejável a intervenção do direito penal em defesa do mesmo.

RIPOLLES conclui o seu trabalho sustentanto que o bem jurídico tutelado terá que ser a liberdade sexual. Na sequência da sua tese, o autor retira várias consequências, nomeadamente no que respeita à amplitude possível deste tipo de incriminações.

Afirma o autor que os actos exibicionistas ou as acções sexuais pornográficas[99] deverão ter por finalidade a excitação sexual, embora esta deva retirar-se, não da intenção do agente, mas do próprio acto ou material pornográfico – que deverá ser manifesta e objectivamente apto a excitar sexualmente. As condutas deverão também ser aptas a lesar o bem jurídico liberdade sexual, envolvendo a vítima num contexto sexual não desejado. Tal envolvimento é conseguido através da confrontação da vítima, ou com o acto exibicionista ou com o material pornográfico.

A construção de RIPOLLES não visou em especial a protecção dos menores pelo que não pode ser transposta automaticamente para esta realidade. Mas, no art. 171.º do Código Penal encontramos os mesmos

---

[96] J.L. DIEZ RIPOLLES, *Exhibicionismo, pornografia y otras condutas sexuales provocadoras – (la frontera del Derecho Penal sexual)*, Bosch, Barcelona, pp. 40 e ss.
[97] *Idem*, p. 40.
[98] *Idem*, p. 100.
[99] *Idem*, pp. 391 e ss.

elementos referidos pelo autor, já que a vítima deverá ser "importunada", ou seja, confrontada, contra a sua vontade, com o acto exibicionista[100].

Apesar de não encontrarmos a mesma exigência no art. 172.º n.º 3, não temos dúvidas em afirmar que se um menor for confrontado contra sua vontade com actos exibicionistas ou material pornográfico, visando-se um envolvimento sexual forçado do mesmo, ainda que não se pretenda a prática de actos sexuais de relevo, estarão em causa as alíneas a) e b) do n.º 3 do art. 172.º.

Mas haverá outro ou outros interesses em causa, para além de tutela de liberdade sexual?

Não existindo nenhuma referência ao consentimento do menor, como aliás acontece ao longo de todo o art. 172.º, poderia pensar-se que toda e qualquer conduta de natureza exibicionista ou que consistisse na exibição de material pornográfico perante o menor seria punida[101].

Deste modo o bem jurídico tutelado seria, mais do que o livre desenvolvimento do menor, a defesa da sua integridade sexual ou moral. O menor não poderia ter qualquer contacto com tais comportamentos ou imagens, sob pena de ser pervertida a sua personalidade sexual[102].

Não perfilhamos esta concepção do art. 172.º n.º 3. Não nos parece que seja necessário ir para além da autodeterminação sexual do menor. O que se pretende é que o menor não seja envolvido num contexto ou ambiente sexual – forçado ou imposto, de alguma forma, aproveitando-se

---

[100] Pelo que a nossa lei se afasta da lei espanhola e do entendimento de BERENGUER (ob.cit., p. 910), quando inclui na categoria das agressões sexuais o exibicionismo. É verdade que não é punida, como delito sexual, a exibição forçada de material pornográfico a adultos (embora o seja na legislação alemã, §184.I.6 do Código Penal), mas o legislador terá entendido que a autonomização desta incriminação, que não deixa de restringir a liberdade, apenas se justifica quando estejam em causa menores, tendo ponderado enorme perigo que a mesma contém para a sua autodeterminação sexual, na vertente dinâmica, ou seja, de algo em construção.

[101] Seriam então punidos como actos exibicionistas as brincadeiras entre colegas que consistissem da exibição dos órgãos genitais; tal como seria punido o irmão mais velho que decide mostrar uma revista pornográfica ao irmão de 12 ou 13 anos. Sobre esta questão veja-se a referência, feita por FIGUEIREDO DIAS, ao anteprojecto de 1991, que exigia que as condutas constantes da alínea b) do n.º 3 do art. 172.º tivessem a finalidade de excitar sexualmente o menor. De facto, não se deve exigir uma intencionalidade tão restrita, mas o desvalor destas condutas terá que surgir associado a alguma intencionalidade, concreta, ver infra ponto II.3.

[102] Cometeriam assim o crime de exibicionismo os pais de menor de 14 anos que, por convicção ou necessidade, não se abstivessem de praticar relações sexuais um com o outro na mesma divisão onde se encontra o menor, sabendo que este os poderia ver.

o agente da ausência das normais resistências que se verificam nos adultos – tendente a corromper a sua vontade sexual.

Na base do art. 172.º-3 está também a constatação de que o aliciamento dos menores para a posterior prática de actos sexuais, qualificáveis como abusos, era frequentemente levado a cabo através da confrontação destes com actos exibicionistas ou material pornográfico.

Mas esta relação entre pornografia e abuso sexual de menores não deveria constituir critério único na conformação do crime de exibicionismo perante menores. No momento de identificar as condutas típicas, devemos ter presente que a liberdade sexual comporta níveis diferentes de lesão.

Não se torna necessário que o agente pretenda praticar actos sexuais com o menor, basta que as suas condutas em causa, (e não os materiais ou objectos), sejam objectivamente adequadas a corromper ou perturbar significativamente o processo de formação da vontade sexual do menor.

Tal corrupção ocorrerá quando tais condutas visem diminuir eventuais resistências dos menores ao sexo[103], para tal, excitando-o, assustando-o ou chocando-o para que fique sem reacção; ou introduzindo no menor, numa fase da vida em que este é extremamente vulnerável, desejos sexuais inadequados à sua idade e que propiciem a deformação da vontade sexual[104].

E. A pedopornografia – limitações à sua incriminação

Esta matéria revela alguma complexidade, sobretudo no que concerne aos limites impostos ao legislador na delimitação das condutas típicas. Na busca de um conceito de pornografia procurámos que este se afigurasse satisfatório à luz dos objectivos de política criminal, mas que não excedesse a medida do necessário à tutela da liberdade sexual do menor. Partindo dos tipos legais buscámos os tipo normativo.

---

[103] Neste sentido, veja-se o relatório do CMESC relativo à *Child Pornography (Pornografia Infantil)*: "*Child abusers show both adult pornography and child pornography to children as means of «lowering theirs inhibitions». They will show pictures in which children have been forced to smile so that it can be claimed, especially to younger children, that they are «having fun».*", cit., p. 15.

[104] Não poderá confundir-se o crime do exibicionismo com a tentativa de abuso sexual de crianças, já que não se exige que o autor tenha intenção de manter relações sexuais com o menor. Basta que a acção levada a cabo seja objectivamente adequada a perverter a formação natural e espontânea da vontade sexual do menor, havendo consciência deste factor por parte do agente, ainda que este último não pretenda abusar daquele sexualmente.

Não subsistem dúvidas de que a alínea b) do n.º 3 do art. 172.º abrange todo o tipo de pornografia, e materiais pornográficos, inclusivamente objectos. Já as alíneas c) a e) do mesmo artigo e número abrangem apenas as representações visuais e áudio de crianças envolvidas em comportamentos pornográficos – aquilo que normalmente se designa por pornografia infantil ou pedopornografia.

Para melhor estabelecermos as diferenças, vejamos então que definições possíveis de pornografia se confrontam na concretização da alínea b) do n.º 3 do art. 172.º do Código Penal.

FIGUEIREDO DIAS define conversa obscena, material e objecto pornográfico em função do bem jurídico tutelado. Caberão então nas incriminações referidas todas as conversas, objectos ou meios susceptíveis de provocar excitação a terceiros, sendo idóneos a produzir dano no desenvolvimento fisiológico ou psicológico de pessoas imaturas[105].

Existe também uma definição legal de pornografia constante do Decreto-Lei n.º 254/76 de 07.04. Dispõe o art. 1.º n.º 2 que *"são considerados pornográficos ou obscenos os objectos e meios referidos no número antecedente que contenham palavras, descrições ou imagens que ultrajem o pudor público ou a moral pública."* Contudo, a doutrina tem-se demonstrado contrária à aplicação desta definição aos crimes sexuais, sendo mesmo defendida a sua caducidade ou revogação tácita[106].

Não pretendemos dar uma resposta definitiva acerca da actual vigência da definição de pornografia proposta pelo legislador. Mas podemos dizer algumas palavras sobre o assunto. A terminologia legal utilizada para definir pornografia não deverá ser transposta para a construção de uma definição de pornografia infantil. As referências ao pudor e à moral, quando confrontadas com a nova localização dos crimes sexuais, revelam-se desactualizadas e afastam-nos da concretização do bem jurídico que está efectivamente em risco: a autodeterminação sexual do menor. Por outro

---

[105] *Comentário...*, cit., p. 545.

[106] Assim RUI PEREIRA defende a revogação tácita da mesma definição pelo facto de se referir ao pudor e moral públicos, "Liberdade sexual...", cit., p. 48. Já MOURAZ LOPES entende que a definição, a manter-se válida, não poderá ser utilizada no âmbito dos crimes contra a liberdade e autodeterminação sexual, por não ser compatível com os bens jurídicos aí tutelados, ob.cit., p. 90. No mesmo sentido FIGUEIREDO DIAS, afirmando que a definição em causa deixou de ser compatível com o Código Penal depois da revisão de 1995, *Comentário...*, cit. p. 545.

lado, numa sociedade em constante mutação e onde coexistem diversas ordens de valores, a margem deixada ao julgador para a aplicação destes conceitos gerais à vida prática seria demasiado ampla e poderia originar alguma dose de arbitrariedade.[107]

Partilhando de algumas razões apontadas, MOURAZ LOPES prefere a adopção de um conceito objectivo de pornografia, sem referência a valorações morais, sugerindo a definição constante do projecto de revisão do Código Penal Brasileiro. De acordo com este último, será pornográfico *"todo o objecto ou a todo o espectáculo, ou parte dele, consistentes essencialmente em manifestações ou apelos do instinto sexual expresso com a reprodução, com a representação, ou com a exibição de órgãos genitais".*[108]

No direito estrangeiro encontramos também várias abordagens distintas face à pornografia, sendo rara a definição que não contenha alguma valoração ou elementos de natureza subjectiva[109]. BERENGUER, por exemplo, entende que o conceito de material pornográfico terá de resultar da combinação de dois critérios: um conteúdo exclusivamente libidinoso, tendente à excitação sexual de forma grosseira – pelo que a mera descrição ou representação de actividades sexuais aqui não se inclui; e a ausência de qualquer valor literário, científico, artístico, educativo[110].

Como pontos comuns a todas as definições encontramos: a representação de comportamentos sexuais explícitos e/ou representação dos

---

[107] Assim é, pois não será actualmente fácil determinar o que seja o pudor público, dada a tolerância dirigida às diferentes sensibilidades que hoje convivem nas sociedades modernas, sendo elevado o risco de arbitrariedade na formulação de tal juízo.

[108] Ob.cit., p. 90.

[109] SAINZ CANTERO exige, para a punição da pornografia, que a descrição das actividades sexuais se faça de forma excitante e de modo inoportuno ou grosseiro, ob.cit., p. 245. Para LAURENT MOREILLON, pornografia será toda a representação de um comportamento sexual deslocada de um contexto de relações humanas normais, tornando-o vulgar ou importuno. A definição abrange ainda cenas que visem a satisfação de instintos sexuais de maneira crua e provocante, em que as pessoas surjam como meros instrumentos de prazer, "Répression de la cyberpornographie en droit suisse, française, allemand et anglais", in *Revue de droit de l'informatique et des télécoms*, n.º 3, 1997, Paris, p. 20.

[110] O autor socorre-se da doutrina do Supremo Tribunal dos Estados Unidos da América que apontou três critérios para a identificação de material pornográfico, de acordo com o seu conteúdo: é dominado, no conjunto, por interesses libidinosos; é potencialmente ofensivo, pois desvia-se dos standards contemporâneos de representação do sexo; é totalmente desprovido de valor social, ou outro semelhante, ob.cit., pp. 963 e ss.

órgãos genitais; a ausência de finalidades artísticas, científicas ou outras de idêntica relevância; a possibilidade de consistir de representações visuais, áudio, escritas ou gráficas[111].

Sem dúvida que será desejável o recurso a critérios objectivos, conseguindo-se uma definição desprovida de concepções morais ou moralizantes. Até porque assim se evita a discrepância, na identificação de material pornográfico, resultante da mediação de diferentes julgadores, eliminando-se um factor de insegurança jurídica. Por outro lado, também não podemos incluir nas incriminações previstas no art. 172.º toda e qualquer descrição de actividades sexuais.

Por pornografia deverá então entender-se toda a representação ou descrição de actividades sexuais, sem um contexto científico, que seja objectivamente adequada à provocação ou excitação sexual.

Também não podemos, na nossa opinião, adoptar um conceito único de pornografia, válido para todas as incriminações. Enquanto que na alínea b) do n.º 3 do art. 172.º do Código Penal, a pornografia abrange a representação, real ou figurada, por qualquer meio, de comportamentos sexuais de qualquer espécie, a pornografia a que o legislador faz referência nas alíneas c) a e) do mesmo artigo compreende um conjunto muito mais restrito de condutas. Esta última será a pedopornografia, ou pornografia infantil, que passamos agora a definir.

Também aqui encontramos dois tipos de concepções. De uma forma geral, a pedopornografia tem sido entendida como qualquer representação, por qualquer meio, de uma criança no desempenho de actividades sexuais explícitas reais ou simuladas ou qualquer representação dos órgãos sexuais de uma criança para fins predominantemente sexuais[112].

---

[111] Alguns autores distinguem ainda pornografia leve e dura. Entre outros, RIPOLLES, para quem a pornografia dura será aquela que envolva violência, crianças ou animais. O autor admite que esta última seja alvo de punição, pois pode incentivar, em pessoas cuja personalidade não está ainda moldada, os instintos sádico ou pedófilos; e causa danos para as crianças utilizadas como modelos pornográficos, ob.cit., p. 107, nota 289. Da mesma forma entendeu o legislador alemão, que pune no §184.III.3 a produção, exibição, venda, etc., de pornografia que tenha por tema a violência, o abuso sexual de crianças ou os actos sexuais entre pessoas e animais.

[112] Esta definição é a adoptada pelo *Protocolo relativo à Venda de Crianças, Prostituição Infantil e Pornografia Infantil*, sendo também o mínimo denominador comum de todas as definições, segundo o relatório relativo à Pornografia Infantil do 2.º CMESC, cit., p. 11.

Partindo da perspectiva do consumidor, STEPHEN e RONALD HOLMES entendem por pornografia infantil ou pedopornografia, o uso de qualquer menor, por qualquer meio visual, tendo por objectivo a excitação sexual do espectador[113].

Mas avancemos para uma análise mais detalhada dos vários elementos que compõem a definição de pedopornografia.

As maiores dificuldades surgem-nos na concretização dos conceitos de representação e de criança, já que a expressão por qualquer meio será referente ao meio de veiculação da representação: livros, revistas, jornais, cinema, televisão, internet, etc.

Desde logo, a idade a partir da qual já não se é considerado criança varia de legislação para legislação. Se em Portugal só se é criança até aos 14 anos, em Espanha o limite foi estabelecido nos 13 anos, e para a Comissão Europeia as crianças serão todos os menores de 18 anos[114].

Por outro lado, e este é o problema central na definição de pedopornografia, cumpre saber se o conceito de representação abrange toda e qualquer forma de envolver a ideia de criança num ambiente de natureza pornográfica, ou se é necessário que seja utilizada, efectivamente, uma criança na produção da pornografia infantil. Se incluirmos na definição de material pedopornográfico as representações escritas, ou mesmo outras desde que sejam figuradas – virtuais – a pornografia infantil deixará de ter sempre como fonte o abuso sexual de uma criança.

De acordo com o relatório do 2.º CMESC relativo à Pornografia Infantil, as próprias legislações nacionais procedem a esta distinção, já que a mesma tem consequências importantes ao nível do bem jurídico tutelado.

Para obtermos uma resposta definitiva deveremos recorrer ainda à ponderação dos limites do poder punitivo do Estado e à necessidade de protecção de bens jurídico como critério delimitador desse mesmo poder.

Podemos encontrar três grupos de definições constantes da legislação ou avançadas por várias organizações. Por um lado, temos as definições que expressamente se referem à irrelevância da forma de representação, que poderá ser escrita, áudio, visual, etc.[115]. No extremo oposto

---

[113] Ob.cit., p. 116.
[114] Art. 1.º alínea a) do Projecto de Decisão-Quadro da Comissão relativo à exploração sexual de crianças.
[115] Assim a definição avançada pelo Grupo de Especialistas em Crimes Contra as Crianças da Interpol, já que apesar de entenderem que a pornografia infantil surge como

encontramos definições que exigem a utilização de uma verdadeira criança, ou pelo menos de uma pessoa que aparente ser uma criança – o que imediatamente reduz as formas de representação, que só poderão ser áudio ou visuais[116]. Um terceiro grupo de definições, entre as quais as contantes de alguns textos legais, não procedem a nenhuma concretização.

Veja-se o caso preocupante do Projecto de Decisão-Quadro da Comissão relativo à exploração sexual de crianças, que define pornografia infantil, no art. 1.º alínea b) como todo o *"material pornográfico representando visualmente crianças envolvidas em comportamentos sexualmente explícitos."*

---

consequência da exploração ou abuso sexual de crianças, definem-na como qualquer forma de descrever ou promover a exploração sexual da criança, incluindo através de meios de escrita ou áudio, que se concentrem no comportamento sexual da criança ou nos seus órgãos genitais, in relatório do 2.º CMESC relativo à Pornografia Infantil, p. 11; na *Convenção do Cybercrime*, do Conselho da Europa, aberta à assinatura em Budapeste a 23.11.2001 e assinada por Portugal nessa data, também não se exige a efectiva utilização de uma criança, já que será pornografia infantil, de acordo o art. 3.º n.º 2, todo o material que, visualmente descreva: *a. um menor envolvido num comportamento sexual explícito; b. uma pessoa aparentando ser um menor envolvido num comportamento sexual explícito; c. imagens realistas representando um menor envolvido num comportamento sexual explícito*. Embora se excluam aquelas representações que, manifestamente, não terão envolvido nenhuma criança (banda-desenhada, imagens gráficas não realistas, etc.), admitem-se representações figuradas de crianças, desde que credíveis. Da mesma forma, o legislador alemão não restringe a punição da pornografia infantil ao material que envolva a utilização efectiva de crianças, estabelecendo apenas uma agravação da medida da pena se tal tiver acontecido, §184.III.3 e 4.

[116] Na *Recomendação R (91) 11 do Conselho da Europa*, a pornografia infantil é definida como a forma mais visível de exploração sexual, pressupondo o abuso de crianças, cit., p. 33. No plano legal, o art. 227-23 do Código Penal Francês, com redacção de 1998, punia a produção, difusão, etc., de imagens de menores que apresentem um carácter pornográfico, alargando esta apenas às imagens pornográficas de pessoas que pareçam menores de 18 anos, a não ser que se comprove que essa pessoa já tinha completado os 18 anos aquando do registo da imagem, sobre esta questão veja-se JEAN FRAYSSINET, "Responsabilité pénale d'un utilisateur: détornement d'un ordinateur à usage professionnel pour receler des images pédophiles", in *La semaine juridique, Jurisprudence*, ano 73, n.º 3, 20.01.1999, Paris, p. 153. Encontramos esta última referência também no Projecto de Decisão-Quadro da Comissão relativo à exploração sexual de crianças, art. 3.º n.º 2. Já a legislação espanhola apenas pune a pornografia infantil quando sejam utilizados efectivamente na sua produção, menores de 18 anos ou incapazes, de acordo com o art. 189.º n.º 1 do Código Penal. No plano nacional, o art. 172.º n.º 3 alíneas c) e e) exige também que tenha sido utilizado um menor na produção do material, para que haja punição, embora a incriminação apenas diga respeito a menores de 14 anos.

Mais à frente, no art. 3.º n.º 2, dispõe-se o seguinte: *"Cada Estado--Membro tomará as medidas necessárias para garantir que, sem prejuízo de outras definições previstas na presente Decisão-Quadro, os actos referidos no n.º 1, sejam puníveis quando relacionados com material pornográfico que representa visualmente uma criança envolvida em comportamentos sexualmente explícitos, a menos que seja estabelecido que a pessoa que representa uma criança tivesse idade superior a dezoito anos aquando da fixação das imagens."*

Nada nestes trechos parece apontar para a admissibilidade de punição de todo e qualquer material pornográfico que envolva representações, ainda que figuradas, de crianças. É o relatório explicativo que vem num momento posterior, introduzir o problema: *"o n.º 2 (do art. 3.º) abrange dois tipos específicos de material de pornografia infantil que visualmente representa uma criança envolvida num comportamento sexualmente explícito. Em primeiro lugar, quando uma pessoa parece ser uma criança e, em segundo lugar, imagens que são representações alteradas ou mesmo totalmente geradas, por exemplo, por computador, isto é, simuladas ou manipuladas. Por conseguinte, o n.º 2 abrange material pornográfico mesmo quando não existe "efectiva" exploração sexual subjacente à representação visual.*[117]*"*

De acordo com o mesmo relatório explicativo, os interesses subjacentes às duas incriminações seriam, portanto, diferentes: quando ocorra efectivo abuso sexual de crianças, o interesse protegido será o mesmo daquela incriminação; quando tal não ocorra, a punição destina-se a proteger as crianças de serem usadas como objectos sexuais e a evitar que pseudo-representações de pornografia infantil tenham maior divulgação e sejam susceptíveis de fomentar a exploração sexual de crianças.

Podemos encontrar, reflectida neste exemplo, a íntima ligação existente entre a definição de pedopornografia e o bem jurídico tutelado na sua incriminação. Para tomarmos posição sobre esta questão devemos ponderar dois factores: qual a ligação entre pedopornografia e abuso sexual de crianças ou prostituição infantil; quais são os efeitos negativos da pornografia em geral, e daquela relativa a crianças.

O primeiro ponto tem sido estudado em pormenor pelas várias organizações e instituições que se dedicam à matéria, com base em dados esta-

---

[117] Documento citado, pp. 23 e ss.

tísticos das polícias[118]. A *Recomendação do Conselho da Europa R(91) 11*[119], sustentava a necessidade de punição dos consumidores de material pornográfico infantil, visto que iria facilitar a identificação dos produtores e distribuidores do material e os pedófilos e abusadores de crianças que são, normalmente, coleccionadores deste material. Por outro lado, facilitava-se também a repressão da pedofilia, permitindo-se a identificação das crianças utilizadas como "actores".

O estudo mais recente e aprofundado é o constante do relatório do 2.º CMESC relativo à Pornografia Infantil[120]. Aí se conclui que os consumidores de pornografia infantil são, na maior parte dos casos, abusadores de crianças ou virão a sê-lo, já que a maioria das pessoas encontradas com fotografias pedopornográficas aparecia no próprio material, como abusador. Aí se conclui que a pornografia infantil é a forma mais visível do abuso sexual, e a que permite mais facilmente identificar os abusadores, dado que as crianças dificilmente falam.

Mas, de acordo com o mesmo relatório, a pornografia, e não só a pedopornografia, pode também ser perigosa e nefasta para as crianças e contribuir para o abuso sexual das mesmas. Constatou-se que este tipo de material era muitas vezes utilizado para diminuir as resistências das crianças ao sexo, ou para as atrair, convencendo-as da naturalidade de tais condutas. Muitas vezes, os abusadores filmam as crianças para que estas não falem ou mantenham a sua colaboração, utilizando as gravações para pressionarem no sentido de não contarem a ninguém o sucedido, ou para mantê-las sobre o seu domínio sexual.

No que diz respeito aos efeitos negativos da pornografia em geral, e não só sobre crianças, cumpre fazer ainda referência a algumas das considerações de RIPOLLES. O autor cita as conclusões da Comissão Alemã para a Reforma do Direito Penal, de 1970, que apontava como consequências possíveis da pornografia, as seguintes: más influências sobre a orientação sexual instintiva; fomento dos crimes sexuais; graves alterações de personalidade; prejuízos para as relações sexuais interpessoais,

---

[118] Já em 1991, nos E.U.A., se constatava que 95% das crianças prostituídas haviam sido utilizadas na produção de pedopornografia, in *Sexual Exploitation of Children*, de VITIT MUNTARBHORN, Nações Unidas, Nova Iorque e Genebra, 1996, p. 17.
[119] Ob.cit., p. 34.
[120] Cit., p. 15.

etc.[121]. Para a doutrina alemã mais tradicionalista, a pornografia danosa do ponto de vista intelectual, moral e até mesmo físico, favorecendo a corrupção e depravação das pessoas que a consumiam ou a aquisição, por parte destas, de vícios e perversões.

Vimos então que vários interesses são ou podem ser ameaçados pela pornografia infantil. Resta saber se todos estes interesses merecem tutela penal e de que forma poderão ser tutelados.

Se optarmos por definir pedopornografia ou pornografia infantil como toda aquela que envolva a utilização efectiva de crianças, o bem jurídico protegido será ainda a autodeterminação sexual do menor. A verdade é que este tipo de material é sempre conseguido à custa da prática de crimes contra a liberdade sexual das crianças, residindo neste ponto também a necessidade de incriminação[122].

Para alcançarmos uma tutela plena e eficaz da liberdade sexual dos menores não poderíamos prescindir da incriminação da produção de material pedopornográfico. Mas a venda e distribuição de material pedopornográfico, embora contribuam para o aumento de casos de abuso sexual, requerem uma análise mais atenta. A relação entre estas actividades e o abuso sexual de menores é mais longínqua.

Os agentes responsáveis pela distribuição – venda, difusão ou outras formas de cedência – de material pedopornográfico e, acima de tudo, os próprios consumidores, sustentam uma indústria que vive da prática de crimes contra menores. Toda a linha de distribuição, desde o produtor ao consumidor final, e qualquer conduta associada ao mercado da pedopornografia irá reportar-se a um abuso sexual de uma criança, se seguirmos o percurso inverso[123].

---

[121] Ob.cit., pp. 41 e ss.

[122] O relatório do 2.º CMESC faz corresponder o desvalor das condutas abrangidas pela incriminação da pornografia infantil à inexistência de verdadeiro consentimento por parte da criança, sendo este "pequeno" detalhe que inquina qualquer elo da cadeia da pedopornografia, desde a produção ao consumo, cit. p. 12.

[123] No fundo, abrangem-se aqui condutas que poderiam ser de instigação ou cumplicidade dos próprios crimes de abuso sexual de crianças, e outras que só não se qualificariam de cumplicidade por esta não poder surgir após a consumação do crime, mas que partilham do mesmo desvalor: contribuição para a prática dos crimes, alimentando a indústria e fortalecendo-a. Veja-se, a este respeito, as conclusões a que chega o Ac. do Tribunal Constitucional n.º 426/91 de 06.11.: *"Justifica-se que o direito penal sancione a violação de uma regra de comportamento que proíbe qualquer dos actos que podem estar ligados ao tráfico de estupefacientes, mesmo quando no caso concreto não estejam ligados a esse tráfico? A resposta*

A maior dificuldade reside talvez na justificação da punição da mera posse de material pornográfico. Face ao direito penal português actual, a posse deste tipo de material só será alvo de censura quando haja intenção de cedência. Mas existe uma possibilidade real de ser alterada a nossa legislação, a curto prazo, procedendo-se a uma extensão do âmbito da punibilidade dos consumidores.

Numa perspectiva meramente naturalista, o consumidor é aquele que inicia todo o processo de abuso sexual de crianças. É porque existe quem esteja disposto a pagar para consumir material pornográfico que contenham imagens de crianças que surgem verdadeiras associações especializadas na produção e distribuição de tal material. Produção esta que envolve, no mínimo, a prática de crimes sexuais contra crianças, mas que também envolverá, em muitos casos, o sequestro ou mesmo homicídio destas crianças[124].

A justificação para a censura penal das condutas associadas à pedopornografia não deverá encontrar-se numa qualquer presunção de perigosidade de ocorrências de futuros abusos sexuais. Nem se deverá presumir que os consumidores de pedopornografia sejam abusadores de menores. Estas condutas consistem sempre de um aproveitamento de material proibido, o qual teve na sua origem a prática de um crime grave. Este será o ponto mais importante na análise desta questão.

---

deve ser afirmativa: a gravidade, a propagação e a tendência para o alastramento dos danos causados pelo tráfico dos estupefacientes justificam suficientemente, do ponto de vista constitucional, uma política criminal tão restritiva da liberdade (...)" in BMJ, 411, p. 66.

[124] E não aceitamos que se proceda a uma analogia com o problema do tráfico de droga, nem quanto ao tráfico propriamente dito nem quanto ao consumo. No que diz respeito ao tráfico de droga, e à sua correspondência com a produção, distribuição ou venda do material pedopornográfico, as diferenças são notórias. Nos crimes de tráfico punem-se condutas que, por si mesmas, não lesam de forma imediata bens jurídicos fundamentais nem pressupõem, para a sua existência, esta lesão, mas que contribuem para a lesão mais que provável destes bens jurídicos. Na pedopornografia, toda e qualquer conduta a ela associada, teve que se basear na lesão efectiva de um bem jurídico fundamental em concreto: a liberdade sexual da criança utilizada na produção do material. Quanto se trata do consumo de droga, um dos argumentos utilizados seria o de que o consumidor está apenas a lesar ou colocar e perigo bens jurídico de que é titular, podendo ainda referir-se a desnecessidade da pena, dado o problema social e de saúde associado à toxicodependência, sendo mais útil o tratamento do que a prisão. Já no consumo de pedopornografia, o agente não lesa nem coloca em perigo nenhum bem jurídico de que seja titular, mas contribui, de forma importante, para a lesão ou colocação em perigo de bens jurídicos fundamentais alheios.

Por outro lado, a exibição de material pedopornográfico foi já objectivamente relacionada com o efectivo abuso sexual de menores. As investigações criminais que se concentraram no funcionamento das redes de pedofilia alcançaram às seguintes conclusões, entre outras: o material pedopornográfico era quase sempre utilizado para diminuir as resistências do menor ao sexo; os possuidores de grandes quantidades deste material faziam parte de clubes ou associações secretas que promoviam o abuso sexual de menores.

Não nos podemos esquecer que este tipo de material não será facilmente adquirido no mercado. Aquele que pretende obter imagens reais de crianças envolvidas na prática de actividades sexuais terá de empreender alguns esforços. Podemos dizer, portanto, que a perigosidade destas condutas para a liberdade sexual não se baseia numa mera presunção. Trata-se de uma perigosidade real e comprovada, que pode e deve ser demonstrada em cada caso.[125]

O fundamento para a punição destes crimes poderá também encontara-se na ideia de aproveitamento do produto de um crime, ideia esta que surge como *ratio* dos crimes de receptação[126] e de branqueamento de capitais. A verdade é que quer os produtores não abusadores, quer os próprios consumidores, retiram para si benefícios, ainda que de natureza não económica, da prática dos crimes de abuso sexual de crianças.[127] Enten-

---

[125] Se, como ficou expresso no já citado Ac. TC n.º 426/91, que seria extremamente difícil provar que o tráfico de droga é absolutamente insusceptível de criar perigo para os bens jurídicos fundamentais que estão em causa (vida, integridade física, saúde, etc.), cit. p. 66, o que se dirá sobre um conjunto de condutas que pressupõem, necessariamente, a lesão de bens jurídicos.

[126] Embora quanto ao crime de receptação, o bem jurídico seja, ainda, o património.

[127] Esta associação foi feita também pelo "Tribunal de Grande Instance de Mans", na primeira sentença, de 16.02.98, que nesse país condenou alguém pela mera posse de material pedopornográfico. Tratava-se de um senhor, Mr. X, que, ao longo de um determinado período, acedeu do computador do seu trabalho a sites pedófilos, tendo recebido (e armazenado) várias imagens de pedopornografia. O tribunal entendeu que este agente, com os pagamentos que fez aos sites, contribuiu para a continuação das suas actividades pedófilas. Entendeu também que o número impressionante de imagens armazenadas demonstrava mais do que simples curiosidade, tendo aquele sido condenado numa pena de 6 meses de prisão. Face a uma lacuna legal parcial, o tribunal em causa condenou também o arguido por um crime de *"recel"*. Sem tradução clara para a língua portuguesa, trata-se de um tipo penal que envolve a cobertura de criminosos e o aproveitamento ou dissimulação de produtos do crime. Para uma crítica desta decisão judicial ver JEAN FRAYSSINET, ob.cit., pp. 151 e ss.

demos contudo, pelas razões já apontadas, que o bem jurídico tutelado deverá ser ainda a liberdade ou autodeterminação sexual do menor[128].

No entanto, para a maioria da doutrina, não é este o bem jurídico tutelado na incriminação da pedopornografia[129], mas a dignidade do menor[130], que impede a sua utilização em gravações ou espectáculos menos "próprios".[131]

Embora os crimes associados à pedopornografia se incluam, na generalidade das legislações penais, na secção correspondente à tutela da liberdade sexual, a doutrina acaba por entender que a protecção é dirigida ao livre desenvolvimento da personalidade do menor e à sua dignidade[132] ou mesmo à moral social, que impõe a repulsa deste tipo de material[133].

---

[128] No que diz respeito à pedopornografia, ou seja, aquela em que sejam efectivamente utilizados menores, e de acordo com o pressuposto de que a utilização do menor numa gravação pornográfica, a qual envolve a prática, por este de, pelo menos, actos sexuais de relevo, consistirá sempre de um abuso sexual.

[129] Numa posição minoritária, MOURAZ LOPES parece entender que no art. 172.º do Código Penal estará sempre em causa a liberdade sexual do menor, ob.cit., p. 90; contudo, numa passagem anterior, afirma que estas condutas *"...não configuram uma violação directa do bem jurídico criminalmente tutelado no tipo de crime de abuso sexual de crianças, ou seja, a liberdade e a autodeterminação sexual do menor."*, ob.cit., p. 85.

[130] Assim, FIGUEIREDO DIAS: *«Não estando em causa a dignidade e a necessidade de tutela jurídico-penal de um tal interesse, o que se diz "é que ela não deveria caber, de forma notoriamente forçada, na tutela do bem jurídico do livre desenvolvimento da personalidade do menor na esfera sexual"»*, Comentário..., cit., p. 542; no mesmo sentido ANABELA MIRANDA RODRIGUES, "O papel dos sistemas legais...", cit. p. 27.

[131] Podemos, contudo, encontrar também na incriminação destas condutas a tutela da livre disposição da imagem pelo menor, já que não se deverá considerar válido o consentimento do mesmo no que diz respeito à sua utilização em gravações ou espectáculos pornográficos (veja-se o art. 192.º n.º 1 alínea b) do Código Penal). Este consentimento será sempre inválido, pois dirige-se àquele conjunto de actos ou envolvimentos sexuais que, não sendo parte de um processo equilibrado e harmonioso da personalidade sexual do menor, terão certamente efeitos perniciosos na formação da vontade sexual deste. Não estamos perante uma mera presunção, mas de um verdadeiro aproveitamento ou instrumentalização do menor, com base na sua incapacidade de opor uma resistência efectiva.

[132] LAURENT MOREILLON, num estudo de direito comparado, afirma que na incriminação da cyberpornografia infantil, os legisladores da Inglaterra, Alemanha, França e Suiça, tiveram em conta a dignidade da pessoa humana e o livre desenvolvimento da personalidade do menor, embora o autor entenda que também pode estar em causa a sua integridade sexual, ob.cit., p. 17.

[133] BEGUÉ LEZAÚN entende que, embora indirectamente se tutele a integridade sexual dos menores, a finalidade destas incriminações será a de demonstrar a repulsa do grupo social pelas práticas definidas no tipo penal, ob.cit., p. 199.

Mas, em bom rigor, a defesa da dignidade do menor levaria à punibilidade da produção, cedência ou consumo de qualquer material pornográfico que envolvesse, ainda que de forma figurada, a imagem de uma criança.

O que nos leva à última questão que será abordada neste capítulo – a admissibilidade da incriminação de toda e qualquer pornografia que envolva a representação de uma criança, ainda que de modo figurado..

Este segundo tipo de pornografia, que envolve a representação figurada ou a referência a crianças, mas não a sua utilização efectiva, que pode designar-se por pornografia relativa a crianças, não se encontra abrangida pela nossa lei penal. A favor da punição da pornografia relativa a crianças pode invocar-se a sua perigosidade para as mesmas, de duas formas: o contacto das crianças com este tipo de material pode incidir negativamente na construção da sua personalidade sexual; a pornografia pode ser utilizada, pelos abusadores, como forma de facilitar a obtenção de um "consentimento" do menor.

Quanto a estes dois aspectos, que aliás já foram referidos no capítulo anterior, temos a dizer que não será necessário punir-se a produção, exibição, venda ou posse da pornografia, basta que se incrimine a conduta de alguém que mostra ou exibe tal material a menores. O que já acontece na alínea b) do n.º 3 do art. 172.º do Código Penal[134].

Mas um outro tipo de argumentos é utilizado com maior fervor: a pornografia relativa crianças é, em si, um atentado à dignidade destas, e serve de estímulo e incentivo aos pedófilos, podendo mesmo despertar tais "apetites" em quem não os sentiria se não houvesse entrado em contacto com este material. Mas então o bem jurídico tutelado já não será a liberdade ou autodeterminação sexual do menor[135].

---

[134] Tal incriminação ocorre também no já referido D.L. n.º 254/76, onde expressamente se veda a exibição ou venda de material pornográfico a menores de 18 anos.

[135] Mesmo que se pretendesse dizer que a produção, venda e consumo desta pornografia coloca em perigo a liberdade sexual dos menores, pois pode incentivar eventuais agressões sexuais, parece-nos que a relação entre estas condutas e o bem jurídico tutelado é tão longínqua que não permite a justificação da punição. Tais condutas não são, nem em abstracto, nem em concreto, idóneas a lesar o bem jurídico, nem desta poderá alguma vez resultar a sua lesão. Estaríamos a punir condutas que sabemos, com certeza, não poderem nunca ser aptas a lesar a liberdade sexual dos menores, quando desacompanhadas de uma qualquer conduta em si censurável. Não concordamos, portanto, com a argumentação constante do relatório explicativo do Projecto de Decisão-Quadro relativo à exploração de crianças. Nem mesmo quando aí se diz que esta incriminação evitaria a utilização das crianças como objectos sexuais (cit., p. 23). As crianças são utilizadas como objectos sexuais na

Uma tal intervenção teria em vista a defesa dos padrões de conduta sociais interiorizados ou dos sentimentos sociais generalizados, pretendendo evitar a difusão dos maus costumes, a corrupção individual ou a decadência social[136].

Não podemos aceitar, no entanto, que estes interesses sejam sequer qualificáveis como bens jurídicos, e a serem-no, não serão dignos de uma tutela penal que vá para além da proibição da sua exibição a menores, que já existe, abrangendo, e bem, toda a pornografia[137].

Não querendo retomar aqui a polémica do possa ser considerado um bem jurídico[138], não cremos que os sentimentos alegadamente imputáveis à generalidade da sociedade possam consistir de situações suficientemente valiosas para que a sua mera colocação em perigo esteja sujeita à aplicação de uma pena. Além disso, como já deixámos claro, para salvaguardar o verdadeiro bem jurídico que aqui está em causa – a liberdade sexual da criança – não é necessária uma incriminação tão restritiva da liberdade, o mesmo objectivo é mais eficazmente conseguido pelas incriminações já existentes.

Sujacentes à incriminação da pornografia relativa a crianças estarão, no fundo, as concepções morais e sociais dominantes, das quais podemos partilhar sem que tenhamos que aceitar a elevação destas a bem jurídico digno de tutela penal. Está também em causa a tal histeria que rodeia, actualmente, a pedofilia, e que é perfeitamente compreensível tendo em conta as informações dramáticas e chocantes de que dispomos.

No entanto, o legislador não pode agir sempre ao sabor das tendências ocasionais da sociedade. E se é verdade que ao direito penal cabe assegurar a pacificação social e a sã convivência, estas não podem ser alcançadas à custa da restrição injustificada das liberdades de cada um.

---

pedopornografia, de acordo com a definição que adoptamos. Na restante pornografia serão "representadas" como objectos sexuais, tanto quanto outra qualquer pessoa o será.

[136] Neste sentido, RIPOLLES, ob.cit., pp. 44 e 45.

[137] Mostrando-se crítico em relação à incriminação de toda a exibição pública de pornografia, e considerando que esta deveria ser substituída pela mera aplicação de coimas, RUI PEREIRA, "Liberdade sexual...", cit., p. 48.

[138] Ver supra, p. 17, nota 28; sobre esta questão, e relativamente aos limites do direito penal sexual ver, entre outros, NATSCHERADETZ, ob.cit., pp. 89 e ss.; RIPOLLES, ob.cit., pp. 40 e ss.; FERNANDO TORRÃO, ob.cit., p. 557.

Não queremos com isto dizer que se reconheça um direito absoluto a consumir pornografia relativa a crianças[139], mas também não encontramos um bem jurídico que esta coloque de forma clara em risco, para além da moral ou dos sentimentos gerais da sociedade, e que não possa ser tutelado de outra forma, com respeito pelos princípios constitucionais de necessidade e proporcionalidade.

Tal como se pode dizer que a pornografia relativa a crianças coloca em risco a sua liberdade sexual, também poderá vir a dizer-se que a pornografia chamada de "hard-core" ou "sadomasoquista" coloca em perigo a integridade física de todos nós. Ou que qualquer forma de pornografia mais ousada pode despertar sentimentos violentos nos seus consumidores, fomentando perversões e consequentemente, a criminalidade sexual.

Ou ainda, poderá vir a dizer-se que os filmes violentos contribuem para o aumento da violência, e assim por diante. Se quisermos submeter todas estas realidades a um crivo de adequação social, o risco é óbvio: como é que iremos definir os limites da censura? Se não for mediante o recurso à lesão de direitos ou da liberdade alheios, só poderá recorrer-se à moral dominante.

Em conclusão, quando nos quisermos referir à punição de condutas satélites face à pedopornografia, estaremos a falar da produção, distribuição ou consumo de *toda a representação visual ou áudio que, por qualquer meio, envolva a utilização de uma criança em actos, comportamentos ou ambientes de natureza sexual, ou ainda a exposição dos seus órgãos sexuais.*

---

[139] RIPOLLES refere que, no moderno direito penal, deve reconhecer-se o direito à excitação sexual voluntária entre adultos, o que implica o reconhecimento do direito a consumir pornografia, ob.cit., p. 103. No entanto, o mesmo autor defende a punição da chamada "pornografia dura", que abrange os actos sexuais com crianças, com animais ou violentos. Aliás, esta pornografia é alvo de incriminação no direito penal alemão, como já referimos, no §184.III.3 do respectivo Código Penal.

2. O tipo objectivo de ilícito – referência a algumas questões polémicas

A. Natureza das incriminações relacionadas com a pedofilia

Estando já determinado o bem jurídico tutelado pelas incriminações que mais directamente se relacionam com a pedofilia, cumpre então qualificá-las no que diz respeito à sua natureza. Estaremos perante crimes de dano ou de perigo, de resultado ou de mera actividade? Existe uma íntima relação entre a escolha do bem jurídico que se pretende protegido por uma incriminação e a qualificação desta como crime de dano ou de perigo[140]. Pelo que já dissemos atrás, então, não será difícil adivinhar algumas das respostas que serão dadas neste capítulo.

É verdade que temos assistido, nos últimos anos, a uma tendência para a multiplicação dos crimes de perigo, sendo esta acompanhada pela criação de bens jurídicos novos, de carácter difuso, diferentes daqueles bens materiais e individualizáveis do direito penal clássico, como por exemplo: a paz pública, a saúde pública, o ambiente, a segurança do tráfico rodoviário, etc.[141]

Face às novas formas de criminalidade, a clássica divisão entre crimes de dano dolosos e crimes de dano negligentes parece não ser suficientemente eficaz para atingir os fins de prevenção e repressão pretendidos. O caminho escolhido tem sido o da antecipação da tutela daqueles bens jurídicos fundamentais que passam a surgir apenas como motivação da incriminação num horizonte longínquo em relação à mesma: vida, integridade física, liberdade, etc.[142]

---

[140] RIPOLLES, ob.cit., p. 109.
[141] Sobre esta questão ver FERNANDA PALMA, "Novas formas de criminalidade...", cit., pp. 199 e ss.; FARIA COSTA, ob.cit., pp. 301 e ss.; RUI PATRÍCIO, *Erro sobre regras legais, regulamentares ou técnicas nos crimes de perigo comum no actual direito português – (Um caso de infracção de regras de construção e algumas interrogações no nosso sistema penal)*, AAFDL, Lisboa, 2000, pp. 197 e ss.
[142] Neste sentido, veja-se o Ac. TC n.º 426/91, cit., p. 65.
[143] Sobre a distinção entre crimes de perigo concreto e abstracto veja-se: JESCHECK, *Tratado de Derecho Penal, Parte General*, vol. I, Tradução de S. Mir Puig e F. Muñoz Conde, Bosch, Barcelona, 1981, pp. 354 e ss.; ROXIN, *Derecho Penal...*, cit., pp. 60 e ss.; WESSELS, *Derecho Penal, Parte General*, Edições Depalma, Buenos Aires, 1980, pp. 9 e ss.; JAKOBS, *Derecho Penal, Parte General*, tradução de Joaquin Cuello Contreras e J.L.S.

Não nos parece absolutamente necessario que tal aconteça, por agora, no que diz respeito à pedofilia. Esta não consiste de um atentado só ao livre desenvolvimento da criança, ou à livre construção da sua personalidade sexual: nas suas modalidades e formas de agir criminosamente, trata-se da mais repulsiva forma de atentar contra a liberdade da criança, e não só na sua vertente sexual.

Não vemos necessidade de serem criados bens jurídicos como o *direito a crescer na inocência*, ou de se fazer apelo à dignidade da pessoa humana ou à saúde física e psíquica desta. É claro que o abuso sexual coloca em risco todas estas realidades, mas, em primeiro lugar, ele consiste de uma grave lesão da autodeterminação sexual da criança.

De acordo com a metodologia que temos vindo a adoptar, iremos iniciar a nossa análise pelo art. 172.º. E não nos vamos deter nos arts. 163.º e 164.º pois dúvidas não restam de que se tratam de crimes do dano. Já no que diz respeito ao art. 172.º, a maioria da doutrina atribui-lhe a natureza de crime de perigo abstracto[143]. Tendo em conta a posição que adoptámos quanto ao bem jurídico tutelado, somos forçados a discordar.

Será possível defender-se a qualificação como crime de perigo abstracto se virmos nesta norma a tutela do bem jurídico livre desenvolvimento do menor[144]. De facto, dada a dificuldade de comprovar que um determinado contacto sexual abusivo sequer colocou em perigo a sã formação da personalidade sexual do menor, é admissível, em teoria, que se diga então que a ocorrência de tal perigo não é necessária para a verificação do tipo[145].

Gonzalez de Murillo, Marcial Pons, Ediciones Juridicas, S.A., Madrid, 1995, pp. 200 e ss.; TERESA BELEZA, *Direito Penal...*, cit., pp. 127 e ss.; FARIA COSTA, ob.cit., pp. 620 e ss.; FERNANDA PALMA, *Direito Penal, Parte Especial*, AAFDL, Lisboa, 1983, pp. 104 e ss.; RUI PATRÍCIO, ob.cit., pp. 197 e ss.

[144] Neste sentido, e com a argumentação descrita por nós, FIGUEIREDO DIAS, *Comentário...*, cit., p. 542; igualmente, MAIA GONÇALVES, ob.cit., p. 582.

[145] Temos, ainda assim, algumas dúvidas quanto à possibilidade de tal qualificação, mesmo face ao bem jurídico referido. Isto se entendermos por crimes de perigo abstracto aqueles em que *"...o perigo resultante da acção do agente não está individualizado em qualquer vítima ou em qualquer bem, não sendo a produção ou verificação do perigo elemento do tipo."*, RUI PATRÍCIO, ob.cit., p. 199.

Será ainda possível, mas muito duvidoso, falar-se de crimes de perigo abstracto se entendermos que o legislador português estabeleceu, à semelhança do que acontece com o art. 181.º n.º 2 do Código Penal Espanhol, uma presunção inilidível de que a autodeterminação sexual do menor de 14 anos seria sempre violada pela prática de qualquer acto sexual de relevo[146]. Neste caso haveria como que uma presunção de dano, que levaria à qualificação da norma como crime de perigo abstracto[147].

No entanto, o estabelecimento de tais presunções, não se afigura conforme à nossa constituição, ou por violação do princípio da presunção de inocência[148], ou porque não é compatível com o princípio da necessidade a incriminação de condutas que, não contendo em si nenhum desvalor, simplesmente se presumem perigosas[149].

Por outro lado, se presumimos que o menor de 14 anos nunca poderá consentir na prática de qualquer tipo de contacto sexual, por se colocar em risco a sua autodeterminação sexual, estaremos a negar a própria

---

[146] Parece ser este o entendimento de MOURAZ LOPES, quando, qualificando o art. 172.º como de perigo abstracto, cita TERESA BELEZA sobre a existência de uma presunção *iuris et de jure*, ob.cit., p. 86. No entanto, o autor parece não partilhar desta última visão face ao art. 172.º, quando diz que apenas se pretende a proibição de *"...actos que condicionem a liberdade de escolha e exercício da sexualidade do menor num futuro próximo"* (p. 87), e não uma verdadeira obrigação de castidade. Se nem todos os contactos sexuais serão proibidos, então só o serão aqueles que, por alguma razão, coloquem pelo menos em risco a autodeterminação sexual do menor, pelo que fica afastada a hipótese de ser um crime de perigo abstracto.

[147] Quanto aos malefícios da confusão entre crimes de perigo abstracto e presunções de dano em direito penal, sendo estas últimas desconformes à constituição, mas não os primeiros, veja-se o Ac. 426/91, cit., p. 69; e MIR PUIG e F. MUÑOZ CONDE, criticando a doutrina espanhola que entende que nos crimes de perigo abstracto a lei estabelece presunções *iuris et de jure* de que a acção é perigosa. Para estes autores, deverá adoptar-se, preferencialmente, uma distinção entre crimes de perigo concreto e abstracto baseada na distinção entre crimes materiais e formais: os crimes de perigo abstracto seriam de mera actividade enquanto que os crimes de perigo concreto seriam crimes de resultado, (adições dos tradutores), in JESCHECK, ob.cit., p. 371.

[148] Assim, ROXIN afirma que o recurso a sistemas de contraprova face à técnica dos crimes de perigo abstracto, ou violaria o *in dubio pro reu*, ou desvirtuaria esta mesma técnica, *Derecho Penal...*, cit., p. 508.

[149] Podemos aceitar que, como afirma JESCHECK, nos crimes de perigo abstracto seja suficiente o carácter genericamente perigoso da acção para determinados bens jurídicos. Mas já não aceitamos que seja suficiente o carácter presumivelmente perigoso da acção, ob.cit., p. 358.

existência do bem jurídico que pretendemos eleger como objecto da protecção da norma.

Face ao que dissemos sobre a necessidade de existir sempre um abuso do menor, impõe-se uma conclusão quanto à natureza das infracções previstas nos n.ºs 1 e 2 do art. 172.º do Código Penal. Se estas condutas pressupõem sempre a lesão do bem jurídico liberdade sexual do menor, estaremos perante crimes de dano. Se, de facto, apenas aqueles contactos sexuais que se caracterizem como um abuso do menor caberão na descrição legal da norma, então toda e qualquer conduta que aí caiba não pode deixar de lesar, por ser abusiva, a liberdade sexual do menor[150].

Quanto à distinção entre crimes formais e crimes de resultado, embora a doutrina a analise profundamente, parece-nos que os autores que optem por qualificar estes crimes como de perigo abstracto terão que assumir a sua natureza formal[151]. E certo é que os crimes sexuais foram muitas vezes incluídos no elenco dos crimes de mera actividade, por se entender que as condutas em causa possuíam um desvalor próprio que não exigiria nenhum resultado posterior[152].

Se os crimes de mera actividade são aqueles em que a realização do tipo coincide com o último acto da conduta do agente, não existindo nenhum resultado separável desta, isto é – não ocorrendo a produção, no objecto da acção, de um efeito diferenciado e destacável desta espacio-temporalmente, não sendo também possível estabelecer-se um nexo de causalidade[153] – então estaremos perante crimes formais[154].

---

[150] Se *"... um bem é ofendido sempre que a sua jurídico-normativa intencionalidade se não cumpre por mor de uma acção humana responsável"* (FARIA COSTA, ob.cit., p. 629), não podemos deixar de estar perante uma lesão da liberdade do menor se este foi, de alguma forma, levado a aceitar um comportamento sexual não verdadeiramente desejado.

[151] Referindo-se à relação entre crimes de perigo abstracto e crimes de mera actividade, entre outros, ROXIN, *Derecho Penal...*, cit., p. 407; RUI PATRÍCIO, ob.cit., p. 208.

[152] Neste sentido, ROXIN, *Derecho Penal...*, cit., p. 328; JESCHECK, ob.cit., p. 357; WESSELS, ob.cit., p. 9; referindo-se expressamente ao abuso sexual de crianças, STRATENWERTH, ob.cit., p. 81.

[153] JESCHECK, ob.cit., p. 355.

[154] Considerando os crimes sexuais, não como de mera actividade, mas numa categoria intermédia, como crimes de "forma vinculada", MARIA DO CÉU R. S. NEGRÃO, "Sobre a omissão impura no actual Código Penal português e em especial sobre a fonte do dever que obriga a evitar o resultado", separata da *RMP*, n.ºs 25 e 26, 1986, Lisboa, p. 22.

[155] *Tratado...*, p. 355.

Mas podemos e devemos questionar esta distinção, pois se existe lesão efectiva ou colocação em perigo de um concreto bem jurídico (o que já acima demonstrámos) é por que haverá resultado. Como afirma JECHECK[155], apesar de não existir resultado típico nos crimes de mera actividade, poderá ter que exigir-se, para a verificação do tipo, a lesão do bem jurídico, confundindo-se esta com a própria acção do agente. Mas então não há como negar a existência de resultado nos crimes de mera actividade que impliquem sempre a lesão do bem jurídico[156].

Quanto à prática de actos exibicionistas perante o menor, e à actuação sobre este por meio da pornografia, previstas nas alíneas a) e b) do n.º 3 do art. 172.º do Código Penal, concluímos que estas visavam também a tutela da liberdade sexual do mesmo. Pelo que aí se incluem todas as condutas que resultem numa restrição da autodeterminação do menor (por lhe serem, de alguma formam impostas), não havendo nenhuma diferença face ao art. 171.º[157].

No entanto, estes tipos penais deverão abranger também aquelas condutas que consistam num aproveitamento da inexistência de resistências, ou da natural curiosidade do menor, e que sejam objectivamente adequadas à corrupção da sua vontade sexual.

Assim, nem todas as condutas acarretarão uma efectiva lesão do bem jurídico em causa. Terão que significar, todavia, um perigo para o

---

[156] Veja-se ainda a crítica formulada por ROXIN à concepção de crimes de mera actividade: *"...todo o crime tem um resultado; nos crimes de mera actividade o resultado consiste na própria acção do autor ..."* O autor cita ainda o exemplo das ofensas à integridade física, já que dar uma bofetada seria um crime de mera actividade, mas arremessar uma pedra já seria um crime de resultado, *Derecho Penal...*, cit., p. 329. Parece-nos, portanto, ser correcta a observação feita por RUI CARLOS PEREIRA de que o resultado está presente nos crimes sexuais, tal como estará nos crimes de injúrias ou violação de domicílio. Por outro lado, o resultado, enquanto lesão do bem jurídico, será sempre autonomizável da acção do agente, embora possamos não conseguir identificar uma consequência física ou natural espacio-temporalmente distinta desta acção, "Crimes de mera actividade", *Revista Jurídica da AAFDL*, n.º 1, 1982, AAFDL, Lisboa, pp. 21 e ss.

[157] Para ANABELA MIRANDA RODRIGUES, o art. 171.º será um crime de perigo concreto para a liberdade sexual, já que o agente tem que importunar a vítima com o seu acto, sendo este "importunar" o seu resultado, *Comentário...*, cit., p. 534. Já MOURAZ LOPES, apesar de não o dizer, parece configurar este crime como de dano, ob.cit., pp. 77 e ss. No que diz respeito ao n.º 3 do art. 172.º remetemos para o que já dissemos a propósito dos seus dois primeiros números, já que as posições expressas pelos autores aí citados se referem à globalidade do artigo (ver supra, notas 135 e 137).

menor. E não será um perigo qualquer, mas o perigo de que seja corrompido o processo de formação da vontade sexual do menor, através da introdução de elementos perturbadores, ficando este mais receptivo a eventuais avanços de natureza sexual[158].

Trata-se, portanto, de um crime de perigo concreto, e como tal, de um crime de resultado. O resultado será a colocação em perigo da autodeterminação sexual de um determinado menor de 14 anos, através das condutas proibidas nas alíneas a) e b) do n.º 3 do art. 172.º[159].

No que concerne à pedopornografia, devemos distinguir a alínea c) das restantes alíneas constantes do n.º 3 do art. 172.º. As condutas previstas na alínea c), relativa à produção de pedopornografia, implicaram necessariamente uma efectiva lesão do bem jurídico tutelado. Dificilmente configuramos uma situação em que o menor seja utilizado numa gravação de natureza pornográfica sem que exista, sobre ele, um abuso. Pode, no entanto, não existir um abuso sexual enquadrável nos n.ºs 1 e 2 do art. 172.º, pelo facto da utilização do menor não corresponder a um acto sexual de relevo praticado com o agente abusador[160].

Mas não deixa de existir uma restrição da liberdade do menor se expressar sexualmente e não deixamos de estar perante um abuso, simplesmente sem a relevância penal do abuso sexual de crianças.

O crime previsto na alínea c) do n.º 3 do art 172.º é, portanto, um crime de dano que pressupõe a lesão efectiva do bem jurídico autodeterminação sexual do menor. Trata-se também de um crime de resultado, abrangendo este a exposição do menor na fotografia, filme ou gravação de natureza pornográfica.

---

[158] Assim, não se inserem neste tipo aquelas condutas que também excluiríamos do art. 171.º, apenas porque são praticadas perante um menor: será sempre necessário que se pretenda envolver o menor num contexto sexual, contexto este que só seria possível mediante o aproveitamento da vulnerabilidade do menor. É, contudo, repetimos, irrelevante a finalidade concreta do agente (abusar sexualmente do menor, aliciá-lo para uma qualquer actividade de natureza sexual, fomentar a sua prostituição, etc.).

[159] A este respeito veja-se ainda a crítica de RIPOLLES sobre a natureza da punição da pornografia em Itália, qualificada por alguns autores como um crime de dano. O dano ocorreria com a produção do resultado, a exibição, que atentaria sempre contra o pudor. No entanto, não sendo o pudor o bem jurídico tutelado, só poderão ter relevância as condutas que, pelo menos, coloquem em perigo a liberdade sexual alheia.

[160] Por exemplo, se apenas se pretender a exposição dos seus órgãos genitais, havendo dúvidas na qualificação de tal conduta como um acto sexual de relevo.

Já nas alienas d) e e), relativas à exploração e consumo da pedopornografia, a nossa resposta terá que ser diferente. Embora as condutas aí previstas pressuponham a lesão efectiva do bem jurídico, num momento anterior, não podemos dizer que a prática das mesmas sempre envolva tal lesão[161]. Aqui sim, estaremos perante um crime de perigo abstracto. De facto, nem sequer encontramos a necessidade de colocação em perigo de um concreto menor de 14 anos, pois a norma penal contenta-se com a idoneidade, em abstracto, da criação de risco para a generalidade dos menores.[162]

O legislador entendeu que a perigosidade implícita nestas condutas, se bem que não concretizada em algum bem jurídico concreto, seria suficiente para a sua incriminação[163], sem se preocupar, contudo, com a verificação, caso a caso, das circunstâncias que poderiam gerar uma real colocação em perigo ou lesão do bem jurídico liberdade sexual do menor[164].

A previsão de crimes de perigo abstracto não pode dispensar o legislador de justificar a necessidade da responsabilização penal face ao princípio da intervenção mínima do direito penal na conformação da vida em sociedade. Pelo contrário, numa área do direito penal em que a relação entre norma incriminadora e bem jurídico ofendido aparece de modo extremamente ténue, esta necessidade é mesmo mais premente.

De acordo com o Acórdão do Tribunal Constitucional n.º 426/91, a previsão de crimes de perigo abstracto será conforme à constituição,

---

[161] Podemos, contudo, encontrar, subjacente a estas incriminações, a produção de um dano – livre disposição da imagem pelo menor – o qual ocorrerá sempre que haja utilização, transmissão ou divulgação do material pedopornográfico. Se haverá mero perigo no tocante à liberdade sexual do menor, já haverá efectiva lesão da imagem do mesmo.

[162] Para ROXIN são crimes de perigo abstracto *"...aqueles em que se castiga uma conduta tipicamente perigosa em si, sem que se tenha verificado, em concreto, um resultado de colocação em perigo."*, Derecho Penal..., cit., p. 407.

[163] Neste sentido, ROXIN, entendendo que nos crimes de perigo abstracto poderá nem existir uma referência ao bem jurídico tutelado, sendo este apenas a motivação da criação do preceito penal, ob.cit., p. 60; no mesmo sentido, FARIA COSTA: *"...os chamados crimes de perigo abstracto são o exemplo mais acabado da relevância da ausência em direito penal. (...) O perigo, não sendo elemento do tipo, está ausente, e no entanto fundamenta a qualificação."*, ob.cit., p. 622.

[164] Assim, no Ac. TC n.º 426/91 se diz que o legislador, nos crimes de perigo abstracto, exige apenas a perigosidade da acção para as espécies de bens jurídicos protegidos, abstraindo-se de algumas das outras circunstâncias necessárias para causar um perigo para um desses bens jurídicos, cit., p. 56.

quando as acções alvo de incriminação tiverem aptidão para constituírem elementos do processo causal dos danos, embora possam nunca vir a sê-lo, em concreto[165]. Ora, a aptidão da difusão e posse de pedopornografia para contribuírem de modo concreto e significativo para os processos de abuso sexual de crianças foi já suficientemente demonstrada no capítulo anterior.

O Acórdão citado refere-se ainda à importância da ressonância ética das condutas proibidas[166]. E também aqui não temos dúvidas em afirmar a censura dirigida à indústria da pedopornografia rodeia-se de manifesta ressonância ética.

Por fim, resta-nos apenas analisar o crime de lenocínio e tráfico de menores, previsto no art. 176.º do Código Penal. Para MARIA JOÃO ANTUNES[167], estaremos perante um crime de resultado, já que se exige a prática efectiva da prostituição ou de actos sexuais de relevo, quer no n.º 1 quer no n.º 2[168]. E como a autora entende que, quanto aos maiores de 14 anos e menores de 16 aquele resultado não implicará sempre a lesão do bem jurídico liberdade sexual, será um crime de perigo concreto[169].

Na nossa análise, limitamo-nos ao lenocínio e tráfico de menores de 14 anos. O crime de lenocínio de menores de 14 anos, é o resultado da

---

[165] Cit., p. 65. Segundo ROXIN, a existência de crimes de perigo não é contrária à teoria da protecção de bens jurídicos como fundamentadora dos tipos penais, já que esta exigirá apenas que, como pressuposto de punibilidade, esteja uma acção dirigida objectiva e subjectivamente à lesão de um bem jurídico, *Derecho Penal...*, cit., p. 60. Já FARIA COSTA parece entender que os crimes de perigo abstracto não se poderão fundamentar, na maior parte das vezes, no princípio da ofensividade, por ser demasiado longínqua a relação com o concreto bem jurídico, ob.cit., p. 631. Temos dúvidas em dizer que todas as condutas enquadráveis nas alíneas d) e e) do n.º 3 do art. 172.º do Código Penal sejam objectivamente dirigidas à lesão do bem jurídico autodeterminação sexual do menor, mas facilmente encontramos nestas o desvalor do cuidado-de-perigo, relativamente aos valores essencialíssimos do viver comunitário que, segundo FARIA COSTA, será característico dos crimes de perigo abstracto, ob.cit., p. 634.

[166] Cit., p. 68.

[167] Ob.cit., pp. 578 e ss.

[168] Contra, MAIA GONÇALVES, que apenas descobre um resultado no n.º 2 do art. 176.º, ob.cit., p. 588. No entanto, dado que não vislumbramos nenhuma diferença de redacção, nem de teleologia, entre os dois preceitos, concordamos com a primeira autora.

[169] No que diz respeito aos adultos, ANABELA RODRIGUES MIRANDA parece encontrar no art. 169.º um crime de dano, e no crime de lenocínio, face à redacção dada pela Lei n.º 65/98, de 02.09, um crime de perigo concreto e de resultado, *Comentário...*, cit., pp. 510 e ss.

combinação necessária entre o n.º 1 e o n.º 3 do art. 176.º, e tem uma penalidade que vai dos 2 aos 10 anos de prisão.

O crime de tráfico de menores de 14 anos encontra-se previsto no n.º 2 do art. 176.º, embora a sua penalidade sofra também a agravação prevista no n.º 3 do mesmo artigo[170]. Sendo sempre exigido o exercício da prostituição ou a prática de actos sexuais de relevo, serão, de facto, crimes de resultado. Mas assim serão também, na nossa opinião e no que diz respeito ainda ao crime de homicídio de menores de 14 anos, crimes de dano.

Não alcançámos tais conclusões sem percorrer um percurso cuidado, o qual passamos a descrever. No Código Penal de 1982 o artigo 215.º, correspondente à actual previsão do lenocínio, dizia o seguinte: "quem fomentar, favorecer ou facilitar a prática de actos contrários ao pudor ou à moralidade sexual, ou de prostituição..." No entanto, a reforma de 1995, com o seu objectivo de eliminar todas as referências à moral, bons costumes ou pudor, substituiu a referência a *actos contrários ao pudor* por *actos sexuais de relevo*.

Não tencionamos criticar esta alteração, ela era necessária pois o recurso aos termos anteriores não permitia que as incriminações em causa tutelassem apenas a liberdade sexual. Contudo, o carácter objectivo e neutro do conceito de acto sexual de relevo pode suscitar alguns problemas de interpretação.

Será a *ratio legis* da norma, conjugada com uma ponderação do bem jurídico tutelado que nos poderá orientar na interpretação da norma constante dos n.ºˢ 2 e 3 do art. 176.º do Código Penal. Será que o legislador pretendeu punir todo aquele que, de alguma forma, facilite a prática de qualquer actos sexual de relevo em que esteja envolvido um menor de 14 anos[171]? A resposta a esta questão, sendo afirmativa, teria como consequência a negação da liberdade sexual dos menores.

---

[170] No crime de lenocínio de menores, a técnica utilizada pelo legislador não terá sido a mais correcta, já que a mesma pena se aplica ao agente que praticar tal crime contra menores de 14 anos, independentemente do meio utilizado (violência, coacção, engano, mero aliciamento, etc.), ou da existência de intenção lucrativa. No entanto, se o crime for praticado contra maiores de 14 anos e menores de 16, estes factores já determinam uma agravação da pena.

[171] Pretende punir-se, como exemplifica MARIA JOÃO ANTUNES para os menores de 16 anos, o pai que não impede, facilitando, que a sua filha de 13 anos estabeleça uma qualquer forma de contacto sexual com o namorado, da mesma idade? A resposta terá que ser negativa, por tudo o que já aqui dissemos. Sobre esta questão ver mesma autora, ob.cit., p. 578.

Se o bem jurídico é a autodeterminação sexual, só poderemos punir aquelas condutas que, pelo menos, se apresentem como perigosas para aquele bem. A interpretação do art. 176.º não poderá ser realizada de forma absolutamente autónoma face ao disposto no art. 172.º do Código Penal. Quando o legislador prevê o fomento da prostituição ou da prática de actos sexuais de relevo, terá pressuposto a pré-existência de uma situação de abuso do menor.

B. Delimitação típica dos crimes contra menores de 14 anos

Como já referimos, são vários os tipos que protegem a liberdade sexual do menor. E, nalguns casos, as respectivas descrições legais levantam dúvidas sobre o conjunto de condutas que pretendem abranger. Noutros casos, não é certo que possamos incluir no tipo condutas omissivas.

No que concerne aos arts. 163.º, 164.º e 172.º, para além de saber o que seja um acto sexual de relevo, há que ainda que determinar se poderá ser praticado um abuso sexual de menores por omissão, ou se é necessário um contacto directo com o menor para a verificação do tipo.

Comecemos então por tratar do conceito de acto sexual de relevo. Apesar de não ser um problema específico dos crimes contra menores de 14 anos, a concretização do conceito de acto sexual de relevo poderá variar consoante a idade da vítima. Por outro lado, esta questão está numa lógica de necessária precedência face às restantes que iremos aqui tratar.

A noção de acto sexual de relevo surge, no nosso panorama legal, concomitantemente com a admissão de que o bem jurídico protegido nos crimes sexuais seria a liberdade e não a moralidade ou o pudor sexual.

Deste modo, o conceito de agressão sexual deixou de se medir em função de um conceito social de pudor sexual, para estar dependente de uma efectiva restrição da liberdade sexual alheia. O acto sexual de relevo passa a ser, então, aquele que contende de forma grave com a liberdade sexual de uma pessoa, e não com os seus sentimentos de vergonha ou pudor ou com o conceito de moral sexual dominante[172].

---

[172] Assim, na jurisprudência, *"...acto sexual de relevo é todo o acto que viole intensamente a liberdade de expressão sexual da vítima..."* (Acórdão da Relação de Coimbra de

A questão central na definição de acto sexual de relevo prende-se com a possível integração nela de elementos sujectivos. Ou seja, saber se no conceito de acto sexual ou agressão sexual é necessário incluir uma intencionalidade ou motivação específica do agente.

Não havendo, na construção dos tipos legais de violação e coacção sexual nenhuma exigência de específica intencionalidade, a introdução de tais requisitos para a verificação da incriminação destas condutas deve ser cuidadosamente ponderada[173]. Quando a doutrina inclui na definição de acto sexual de relevo uma motivação especial do agente – a satisfação de instintos sexuais – introduz um elemento que é estranho ao crime de violação. Na nossa perspectiva, o problema seria melhor colocado a propósito do tipo subjectivo e não na definição de acto sexual de relevo.

Entendemos, portanto, que o conceito de acto sexual de relevo deverá conter apenas os elementos relativos à acção, e não a uma qualquer intencionalidade do agente, pelo que assumirá um carácter essencialmente objectivo. A esmagadora maioria da jurisprudência, e alguma doutrina, têm adoptado, contudo, um conceito de acto sexual de relevo que exige a intenção libidinosa do agente, ou a finalidade de satisfação de instintos sexuais[174].

12.01.96, in *CJ*, 1996, tomo I, p. 165); no mesmo sentido, veja-se o Acórdão do Supremo Tribunal de Justiça de 16.6.00, in *SASTJ*, n.º 42, p. 64; na doutrina: FIGUEIREDO DIAS, *Comentário...*, cit., p. 447; MOURAZ LOPES, ob.cit., p. 24; MAIA GONÇALVES, ob.cit., p. 557; LEAL HENRIQUES e Simas Santos, *Código Penal Anotado*, 2.º vol., Rei dos Livros, Lisboa, 1996, p. 230; J. DIAS DUARTE, "Homossexualidade com menores: art. 175.º do Código Penal", in *RMP*, ano 20, n.º 78, 1999, Lisboa, p. 86; BERENGUER, ob.cit., p. 905; assim também a definição de "acto sexual" adoptada pelo Código Penal Alemão, §184.1; em sentido diferente, REIS ALVES, ob.cit., pp. 11 e ss.

[173] E nem se diga que na cópula estaria sempre presente, obrigatoriamente, a intenção libidinosa do agente, já que se diz no n.º 1 dos arts. 163.º e 164.º que será autor "...quem constranger outra pessoa a sofrer ou a praticar, consigo ou com outrem...".

[174] Por todos, veja-se o Acórdão do Supremos Tribunal de Justiça de 17.10.96, in *CJ*STJ, 1996, tomo III, p. 170: *"Acto sexual de relevo é aquele que, tendo uma relação com o sexo (relação objectiva), se reveste de certa gravidade e é praticado com intenção de satisfazer apetites sexuais."*; entendendo exactamente o mesmo, MAIA GONÇALVES, ob. cit., p. 558. Estas definições, que se centram na motivação do agente, pecam também por não definirem, no plano objectivo, o que seja um acto de natureza sexual e de relevo, pelo que parece que qualquer actuação o poderá ser desde que o agente pretendesse satisfazer os seus instintos sexuais. Em sentido divergente, o já citado Ac. RC, 12.01.96, *CJ* 1996, I, p. 165: *"Nos crimes sexuais, para que se verifique o elemento violência, é suficiente que os actos sejam praticados contra ou sem a vontade da vítima; tais crimes bastam-se com*

Já FIGUEIREDO DIAS defende uma concepção objectiva, sendo acto sexual de relevo todo o comportamento activo que, de um ponto de vista predominantemente objectivo, assuma uma natureza, um conteúdo ou um significado directamente relacionados com a esfera da sexualidade[175].

Embora a definição avançada por este último autor seja ainda um pouco vaga, não vemos razão para se exigir, do agente, uma determinação ou motivação especial. De um ponto de vista da lesão do bem jurídico liberdade sexual, parece-nos pouco relevante saber se o agente pretendia satisfazer os seus instintos sexuais, os de terceiro, humilhar a vítima, castigá-la, fazer um filme, etc.

É ainda invocada contra a concepção objectiva a necessidade de excluir do tipo certas condutas que não caberiam na *ratio legis*, como a examinações médicas, toques entre pais e filhos, entre outros[176]. MAIA GONÇALVES fala também da dificuldade de enquadrar, numa vertente objectiva, o acto de médico que, tendo efeito de diagnóstico ou curativo, aproveita para se excitar sexualmente[177].

A primeira situação descrita pode resolver-se com recurso ao tipo subjectivo. Independentemente da noção de acto sexual de relevo que se adopte, a tipicidade só estará verificada se houver dolo por parte do agente. Para que haja crime não será necessário que o agente tenha uma intencionalidade específica, mas que tenha dolo de agressão sexual, ou seja, que tenha consciência e vontade dirigidas a todos os elementos objectivos do tipo[178]. A segunda questão também pode ser resolvida através do dolo do agente, embora pressuponha necessariamente a existência de um acto sexual de relevo[179].

---

o dolo genérico, a vontade de praticar o acto com o conhecimento de que ofende os sentimentos ou a liberdade de expressão sexual da vítima; acto sexual de relevo é todo o acto que viole intensamente a liberdade de expressão sexual da vítima..."

[175] *Comentário...*, cit., p. 447.

[176] Para FIGUEIREDO DIAS estas condutas poderão excluir-se na ilicitude, através da ideia de adequação social, *Comentário...*, cit., p. 448.

[177] Ob.cit., p. 558.

[178] O que quer dizer que, numa agressão sexual simples, o agente deverá ter consciência de que está a envolver a vítima num contexto sexual, querendo-o, sabendo que esta não deseja tal envolvimento e pretendendo impor a sua vontade. No fundo, será este o dolo de ofensa à liberdade ou autodeterminação sexual.

[179] O que quer dizer que, numa conduta médica, não havendo o envolvimento da vítima num contexto sexual, de alguma forma, o facto do agente se excitar com tal actuação não terá relevância penal. De facto, se a conduta do médico não for apta a restringir a

Assim, por acto sexual de relevo deverá entender-se toda a conduta que tenha conotação sexual objectiva (seja abstractamente adequada à satisfação de instintos sexuais) e que coloque em causa, com alguma gravidade, a liberdade de expressão ou autodeterminação sexual de outrem. Acompanhamos parcialmente RIPOLLES quando fala em envolvimento da vítima num contexto sexual não desejado[180].

Esta conotação ou contexto sexual deverá assumir um conteúdo objectivo, isto é, deverá ser manifesto para um observador exterior que a mesma conduta seria apta para o estímulo ou satisfação de instintos sexuais, independentemente da concreta motivação do agente. Necessário será também – mas para que se verifique o tipo subjectivo e não para que haja acto sexual de relevo – é que o agente tenha consciência de que, com aquela conduta, está a colocar em causa a liberdade sexual da vítima, e queira fazê-lo.

Esta consciência do envolvimento forçado da vítima num contexto sexual não desejado, acompanhada da vontade dirigida à concretização do acto sexual, consiste no dolo do agente.

A restrição da liberdade sexual alheia terá incidência no conceito de acto sexual de relevo no que diz respeito à intensidade de tal restrição. Desta forma irá avaliar-se a relevância do acto sexual perpetrado. Quando o legislador determinou que o acto sexual se devesse revestir de alguma gravidade, fazendo uso da expressão *relevante*, terá pretendido excluir do tipo aqueles actos que não representem uma restrição significativa da liberdade sexual da vítima[181].

Nesta perspectiva, será mais fácil que um determinado acto sexual assuma um maior relevo pelo facto da vítima ser menor de 14 anos? Parece ser este o entendimento da nossa jurisprudência, que inclui nas modalidades de acção os beijos na boca e a exposição dos órgãos genitais[182].

---

liberdade sexual da vítima, não possuindo uma conotação sexual objectiva, o mero facto desta ser acompanhada de excitação não colocará em causa a liberdade sexual da vítima, não constituindo crime.

[180] Ob.cit., pp. 399 e ss. Mas já não concordamos com o autor quando inclui no conceito de acto ou acção sexual, a intenção do agente de envolver a vítima e a si mesmo ou terceiro num contexto sexual. Esta intenção do agente nada mais é do que o elemento volitivo do dolo.

[181] Assim, FIGUEIREDO DIAS, *Comentário...*, cit., p. 449.

[182] *"I – Sendo embora certo que a lei não fornece indicação definidora do que deva entender-se por acto sexual de relevo, a verdade é que como acto sexual de relevo tem que*

Antes da revisão de 1995, o problema assumia maior importância, por causa do conceito de acto análogo à cópula. Dada a impossibilidade física de ocorrer a penetração em crianças mais jovens, alguma jurisprudência entendia que nos menores de 12 anos se deveria ser menos exigente na concretização deste conceito[183].

Apesar de aceitarmos a existência de uma maior fragilidade do bem jurídico autodeterminação sexual nos menores de 14 anos, não dispensamos uma delimitação cuidada e rigorosa das condutas que se enquadram no nº 1 do art. 172.º.

Veja-se que os menores de 14 anos não deixam de ser vítimas do crime de exibicionismo, aí se devendo enquadrar aquelas situações em que o envolvimento do menor num contexto sexual assume menor gravidade. Pelo que se deverá exigir-se sempre o envolvimento sexual do menor com o agente ou terceiro, estando excluídos os actos sexuais que sejam praticados apenas perante o menor[184].

---

necessariamente considerar-se toda a conduta sexual que ofenda bens jurídicos fundamentais ou valores essenciais da pessoas no tocante à sua livre expressão do sexo. II – Para justificar a expressão de relevo terá a conduta de assumir gravidade, intensidade objectiva, e concretizar intuitos e desígnios sexuais visivelmente atentatórios da autodeterminação sexual; de todo o modo, será perante o caso concreto que o relevo tem que recortar-se. III – Em sede de abuso de crianças, o relevo como que está imanente a qualquer actuação libidinosa por mais simples que ela seja ou pareça ser...", Ac. do STJ de 16.6.00, in *SASTJ*, n.º 42, p. 64). No sentido acima referido vejam-se os seguintes: Ac. RP de 21.10.98, in *CJ*, 1998, tomo 4, p. 233; Ac. RL de 28.05.97, in *CJ*, 1997, tomo 3, p. 148; exigindo, aparentemente, mais do que os restantes: *"I – Acto sexual de relevo é aquele que (...) esteja relacionado com o sexo, perturbe seriamente a autodeterminação sexual de uma criança e, objectivamente, ocasione, pelo menos, tanto ou mais, perturbação que o «acto exibicionista» (perante maior de 14 anos) ou mesmo mera «conversa obscena», «escrito, espectáculo ou objecto pornográficos» referidos no n.º 3 do art. 172.º do CP."*, Ac. RL de 28.05.97, *CJ*, 1997, tomo II, p. 149.

[183] A jurisprudência dominante incluía no conceito de acto análogo à cópula, face ao antigo art. 201.º n.º 2 do Código Penal, o mero massajar a vagina da menor com o pénis até à ejaculação (cópula vulvar): *"...o coito vulvar ou vestibular, mesmo com emissio seminis, não integra o conceito de cópula, mas se tiver lugar com menor de 12 anos deve ser qualificado para efeitos de punição como acto análogo"*, Ac. do STJ de 15.07.87, *BMJ*, 360, p. 357. No mesmo sentido: Ac. do STJ de 20.05.92, *BMJ*, 417, 1992, p. 378; Ac. do STJ de 09.06.93, *BMJ*, 428, 1993, p. 270. Não exigindo sequer a *emissio seminis*: Ac. do STJ de 02.11.94, *BMJ*, 441, 1994, p. 7.

[184] Assim parece entender FIGUEIREDO DIAS, quando considera que se A obrigar B (menor ou não) a assistir à prática de acto sexual de relevo (praticado só por A, ou por A e C), estaremos face a um crime de exibicionismo e não de coacção sexual, por a literalidade

Não será todavia necessário um contacto mútuo entre agente e vítima. Enquadram-se no art. 172.º n.º 1 do Código Penal as situações em que seja praticado um acto sexual de relevo:

a) Com menor de 14 anos, pelo próprio agente ou com este. Serão os casos típicos da prática de actos sexuais, com contacto directo, entre o menor e o agente, como por exemplo: tocar nos órgãos genitais do menor, ou fazer com que este toque nos do agente;

b) Com menor de 14 anos, por terceiro ou com este. Quis também abranger-se as situações em que o agente utiliza um terceiro para a prática dos actos acima descritos. Isto quer o terceiro seja maior ou menor, participe ou não voluntariamente do envolvimento sexual;

c) Em menor de 14 anos. Nesta hipótese não terá que haver contacto directo ou recíproco entre o menor e o agente. Cabem aqui o toque com objectos, ou as acções de ejacular ou urinar sobre a vítima[185]. Pode questionar-se o cabimento da acção de forçar a prática, por terceiro, de actos sexuais de relevo em menor de 14 anos. Isto porque o n.º 1 do art. 172.º fala em levar a praticá-lo consigo ou com outra pessoa. Não vemos, contudo, razão para concluir que a referência à outra pessoa abranja apenas a prática de actos sexuais com menor e não em menor de 14 anos.

Quanto ao toque com objectos, cumpre saber se a introdução de um qualquer objecto poderá ser qualificada como acto sexual de relevo. Para quem defenda uma concepção subjectiva, qualquer objecto terá relevância, desde que o agente pretenda a satisfação de instintos sexuais. Mas e se o agente pretender apenas humilhar a vítima, utilizando um objecto que não é, em abstracto, idóneo para actividades sexuais?

FIGUEIREDO DIAS[186] entende que a introdução violenta de qualquer objecto no ânus ou na vagina corresponderá a uma agressão sexual. Já MOURAZ LOPES exige que o objecto tenha natureza sexual.[187] Também

---

do art. 163.º não o permitir. O autor afirma ainda que nestes casos não é a autodeterminação sexual da vítima que directamente se põe em causa, mas a sua liberdade pessoal de acção ou omissão, *Comentário...*, cit., pp. 450, 451 e 546. Apenas não concordamos com esta última parte, sob pena de sermos forçados a concluir que o bem jurídico tutelado no art. 172.º n.º 3 alíneas a) e b) não seria a autodeterminação sexual do menor.

[185] FIGUEIREDO DIAS, *Comentário...*, cit., p. 351.
[186] *Comentário...*, cit., p. 451.
[187] Caso contrário será um crime de ofensa à integridade física, ob.cit., pp. 28/29.

BERENGUER[188] se debruça sobre esta questão, entendendo será objecto sexual todo *"aquele que reúne condições para, nalguma medida, ser apto para o exercício da sexualidade, excluindo-se aqueles que apenas possam ser tomados como instrumentos de agressões físicas."*

A descrição proposta para BEREGUER parece-nos bastante completa. Não se exige que o objecto tenha uma natureza especificamente sexual, mas excluem-se, através de uma delimitação negativa, aqueles objectos que nunca poderiam ser utilizados numa actividade sexual. Não será também necessário que o agente vise a satisfação dos seus instintos sexuais. Basta que o agente tenha consciência e intenção de estar a envolver a vítima num contexto sexual, ou seja, de estar a atentar contra a liberdade sexual desta, e que a conduta seja abstracta e objectivamente adequada à satisfação de instintos sexuais[189].

No que diz respeito à prática de actos sexuais de relevo perante menor de 14 anos, não estaremos, como já dissemos, no âmbito do n.º 1 do art. 172.º, mas sim do seu n.º 3, alíneas a) e b). Assim se o agente forçar ou levar o menor a assistir a actos sexuais de relevo – permanecer nu ou masturbar-se perante o menor, por exemplo – o crime será o de exibicionismo.

Já se o agente forçar ou levar o menor a assistir à prática de actos sexuais de relevo entre o próprio agente e terceiro ou entre outras pessoas, dependendo das circunstâncias, podemos estar já perante o crime previsto na alínea b) do n.º 3 do art. 172.º[190]. Também na alínea b) do n.º 3 do art. 172.º não será necessário um contacto corporal com o menor. Mas já é necessário que a conduta em causa seja dirigida especialmente ao me-

---

[188] Ob.cit., pp. 989

[189] Não é forçoso que o objecto utilizado seja identificável, por todos, como um objecto sexual, como é o caso dos vibradores. Um qualquer objecto que possa ser utilizado para finalidades sexuais, ainda que para tal não tenha sido feito, estará aqui incluído. Em contrapartida, há certos objectos que nunca poderão ser considerados como sexuais: é o caso das facas ou outros objectos cortantes que, a serem introduzidos num órgão genital, implicarão a prática de, pelo menos, um crime de ofensas à integridade física, mas nunca de agressões sexuais.

[190] Tudo dependerá do que se entenda por espectáculo pornográfico. FIGUEIREDO DIAS não exige que o espectáculo seja público, podendo ocorrer num "círculo familiar restrito", *Comentário...*, cit., p. 546. Na nossa opinião, para que possa atribuir-se a qualificação de espectáculo terá que existir, pelo menos, a consciência por parte dos participantes de que se trata de uma exibição.

nor ou menores, pois de outra forma não se compreenderia a utilização da expressão *actuar sobre menor*.

Relativamente à pedopornografia e às alíneas c), d) e e) do n.º 3 do art. 172.º suscitam-se ainda algumas questões importantes no que concerne à delimitação da tipicidade objectiva.

Pensamos que aí se poderão enquadrar também as condutas daqueles que assumam o papel de meros produtores do material pedopornográfico, ainda que não tenham nunca entrado em contacto com o menor. O que quer dizer que os responsáveis pelo crime de pedopornografia serão todos aqueles que estejam envolvidos na produção do material pornográfico: os que filmam, mas também os que procedem à montagem dos filmes, à sua colocação no mercado e distribuição.

Diferentemente será o tratamento a dar àqueles agentes que determinem o menor à prática de actos sexuais de relevo visando a produção de material pedopornográfico. Estes agentes deverão ser responsabilizados também pelo crime de lenocínio de menor, nos termos do art. 176.º n.os 1 e 3 do Código Penal. E na mesma pena incorrerá aquele que simplesmente disponibilize meios económicos para financiar a produção de material pedopornográfico, pois estará a promover a prática de actos sexuais de relevo por parte do menor. Não parece decorrer do art. 176.º a necessidade de um contacto físico entre o agente e o menor, sendo justificada, à luz do espírito da norma, a punição daqueles que, sem aparecerem, sustentam financeiramente toda uma economia que gira em torno da produção e transacção de materiais pedopornográficos.

Face às novas formas de criminalidade no âmbito da pedofilia, cumpre saber se a utilização de menor em fotografia, filme ou outra gravação abrange aquelas que sejam produzidas através do computador, e depois exibidas pela internet. No que diz respeito à exibição via internet, não temos dificuldades em enquadrá-la na alínea d) do n.º 3 do art. 172.º, já que aí se fala em exibir ou ceder a qualquer título ou por qualquer meio"[191].

---

[191] MOURAZ LOPES abrange também os chamados telemóveis de 3.ª geração, que podem captar imagens e som, no entanto parece referir-se apenas à alínea d), e não à produção dos materiais que depois poderão ser exibidos por qualquer meio, ob.cit., pp. 88 e 89. O que não faz sentido, já que a exibição ou cedência de imagens ou sons por computador, e particularmente nos casos dos telemóveis referidos pelo autor, pressupõe quase sempre que a sua produção tenha ocorrido pelo mesmo meio.

Mais difícil será determinar se a fotografia, o filme ou a gravação em que seja utilizado efectivamente um menor pode ser inteiramente produzido por computador, ou se estão apenas incluídos na alínea c) do n.º 3 do art. 172.º os mecanismos clássicos de produção de tais materiais[192].

Atendendo a que a lei não indica o meio de obtenção da imagem ou som, prescrevendo apenas que a utilização terá que consistir na obtenção de uma imagem ou de um som, não vemos razões para excluir, de entre os meios de produção, o computador. Neste sentido se pronuncia também Laurent Moreillon, num estudo de direito comparado, afirmando que a jurisprudência não tem feito nenhuma distinção[193].

Uma outra questão sobre a qual a doutrina não se tem debruçado consiste na utilização de menor de 14 anos em espectáculo ao vivo quando a este não corresponda depois nenhuma gravação de imagem ou som. Esta questão tem alguma importância, já que nos casos *CATHEDRAL* E *WONDERLAND* sabe-se que os menores foram alvos de abuso sexual transmitido em directo para a internet.

Por outro lado, pode estar em causa simplesmente a utilização de menor num espectáculo ao vivo de natureza sexual, que exibido e consumido pelos seus espectadores, pagando ou não, não dê origem a nenhuma gravação ou registo. Desta vez, tendo em conta a *ratio* e o teor da lei, estaremos face a uma lacuna parcial de punibilidade.

Parece-nos que o desvalor específico da alínea c) está intimamente ligado com o constante nas alínea d) e e), o qual pressupõe a obtenção de um material com alguma durabilidade: fotografia, filme, gravação. Todos partilham desta característica e são susceptíveis de comercialização, perdurando para além do momento em que são produzidos. Parece-nos que subjacente à incriminação da produção de pedopornografia prevista no n.º 3 do art. 172.º, estará a ponderação de um certo efeito à distância que é característico do material pedopornográfico. Mediante um registo áudio ou vídeo, a distribuição do material pedopornográfico perpétua, de certa

---

[192] A produção integral via computador é hoje possível através do recurso à Webcam, que consiste de uma máquina de filmar em que as imagens ou sons obtidos são captados directamente para o computador. Os meios clássicos serão a máquina fotográfica, a câmara de filmar e a gravação radiofónica.

[193] O autor afirma que em França, Alemanha, Reino Unido e Suíça, a inclusão da internet tem sido aceite, mas demonstra algumas preocupações com o respeito pelo princípio da legalidade, ob.cit., pp. 18 e 19.

forma, o abuso cometido contra o menor. Ficam, portanto, excluídos da alínea c) do n.º 3 do art. 172.º, os espectáculos ao vivo que não dêem origem a gravações de imagem ou som[194].

Por fim, surge ainda um problema na delimitação das condutas de abuso sexual e de lenocínio de menores, no que concerne à figura do cliente, ou seja, aquele que paga ao menor para praticar com ele actos sexuais. Esta questão é colocada por Begué Lezaún, que defende, de jure condendo, a punição do cliente também pelo crime de lenocínio[195].

Neste aspecto, remetemos integralmente para o que entende a generalidade da doutrina[196], e para o que já dissemos a respeito do art. 172.º do Código Penal. Se afirmamos atrás que o agente que paga a um menor de 14 anos para manter com ele relações sexuais comete o crime de abuso sexual de crianças, não faria sentido puni-lo pelo crime de lenocínio[197]. Por outro lado, parece evidente que a descrição típica das condutas a punir pelo art. 176.º n.ºs 1 e 2 não abrange a actuação do abusador, nem pretende abrangê-la.

C. As agravações pelo resultado

As penalidades previstas nos arts. 163.º, 164.º e 172.º são ainda agravadas pela ocorrência de lesões de outros bens jurídicos das vítimas que não a liberdade sexual, ainda que tais lesões não tenham sido previstas ou desejadas pelo agente.

---

[194] Não existem dúvidas, contudo, que aqueles que utilizam o menor das formas tipicamente abrangidas pelos n.ºs 1 e 2 do art. 172.º, ou pelos arts. 163.º e 164.º, serão punidos por estas mesmas normas, o que se afasta é a possibilidade do concurso efectivo entre a conduta de abuso sexual ou lenocídio e as condutas previstas no n.º 3 do art. 172.º.

[195] E, contudo, admite que tal não será possível face à redacção da lei espanhola, semelhante à nossa, ob.cit., pp. 177 e ss.

[196] Entendendo que o cliente só poderá ser punido pelo crime de abuso sexual de menor, a não ser que exista um concurso real de infracções, por serem diversas as condutas do agente, entre outros, FIGUEIREDO DIAS, *Código Penal, Actas...*, cit., p. 266; ANABELA RODRIGUES MIRANDA, "O papel dos sistemas legais...", cit., p. 28; MARIA JOÃO ANTUNES, *Comentário...*, cit., p. 579.

[197] Nem se poderia admitir, sob pena de violação do ne bis in *idem*, a punição em concurso efectivo. Em sentido divergente, mas condenando apenas pelo lenocínio, veja-se o Acórdão da Relação de Lisboa de 14.11.89, in *BMJ*, 391, 1989, p. 683.

Referimo-nos ao n.º 3 do art. 177.º do Código Penal que prevê a agravação da penalidade base em metade nos seus limites mínimos e máximos quando ocorram os seguintes resultados: gravidez, transmissão de vírus da S.I.D.A. ou de hepatite, ofensa à integridade física grave, suicídio ou morte da vítima. O art. 177.º prevê ainda outras formas de agravação da medida da pena, mas estas já não corresponderão a crimes preterintencionais[198].

Tratando-se de crimes preterintencionais, é aplicável o art. 18.º do Código Penal, quanto à imputação subjectiva, exigindo-se pelo menos a negligência[199]. O que não implica que se prescinda, nos termos gerais, da imputação objectiva do resultado à conduta do agente.

Quando o resultado consista de ofensas à integridade física ou morte, este deverá ter sido produzido necessariamente de forma negligente. Caso contrário a punição não será feita pelo art. 177.º, mas em concurso efectivo entre o art. 172.º e os arts. 131.º ou 143.º e seguintes.

---

[198] Temos que fazer uma pequena crítica ao sistema de qualificações utilizado pelo legislador neste art. 177.º. Não nos parece correcto que se confundam qualificações de um crime, baseadas no desvalor da acção (qualidades do agente ou da vítima, formas de execução, etc.), com as agravações pelo resultado que, como o nome indica, se fundamentam quase exclusivamente num desvalor do resultado. De facto, uma acção pode ser mais ou menos desvaliosa consoante o seu desvalor intrínseco (intensidade do dolo do agente, aproveitamento de especiais fragilidades da vítima, etc.), mas, independentemente disto, o crime será sempre mais desvalioso se dele resultar uma consequência grave para a vítima, sendo esta ainda imputável, objectiva e subjectivamente, ao autor. E, portanto, o sistema correcto será aquele que se qualifique a acção pelo seu desvalor, num primeiro momento, e, num segundo momento, se parta da acção, mais ou menos desvaliosa, para ponderar eventuais agravações pelo resultado (sistema utilizado nos artigos correspondentes às ofensas à integridade física). Contudo, havendo o legislador optado por um sistema que confunde estas duas formas de agravações, tratando verdadeiros crimes preterintencionais como meras circunstâncias agravantes, o erro não será tão grave se, pelo menos, for prevista uma solução expressa para o concurso entre estas "agravantes" semelhante à constante do n.º 6 do art. 177.º do Código Penal. O mesmo já não foi feito, infelizmente, no caso do aborto, art. 141.º do Código Penal, defendendo-se, no entanto, a mesma solução.

[199] Os crimes preterintencionais caracterizam-se pela prática de uma conduta de base dolosa, que terá como consequência a ocorrência de um resultado, imputado objectivamente ao autor, mas em relação ao qual não existiu dolo por parte do mesmo. Por isso são designados por crimes cujo resultado vai para além da intenção do autor. Sobre esta questão ver TERESA BELEZA, *Direito Penal...*, cit., 2.º vol., p. 234 e ss.

No entanto, quando o resultado consista na gravidez, transmissão de vírus da S.I.D.A., hepatite[200] ou suicídio[201], a existência de dolo eventual do agente em relação ao resultado não afasta a punição pelo art. 177.º n.º 3. Nestes casos, podemos dizer que o crime será preterintencional ou não, consoante a imputação subjectiva do autor.

3. O tipo subjectivo de ilícito

A. A exigência de elementos subjectivos especiais

Na generalidade das incriminações relativas às agressões sexuais a menores de 14 anos, para que haja imputação subjectiva bastará a existência de dolo eventual[202]. Com esta afirmação, afastamos a necessidade de uma motivação especial do agente para a verificação dos crimes de coacção sexual, violação ou abuso sexual de crianças. Do ponto de vista da vítima, sempre seria indiferente saber se o agente pretendia satisfazer os seus instintos sexuais ou somente produzir material pornográfico. A lesão do bem jurídico ocorrerá de qualquer forma, por ventura poderá ser ainda mais intensa neste último caso[203].

---

[200] Em relação à transmissão de doença, a nossa resposta coincide com o entendimento de que o conceito de propagação, para o crime de propagação de doença, exige algo mais do que um mero contacto com apenas uma potencial vítima, e, por outro lado, baseia-se na dificuldade de incluir a transmissão do vírus de S.I.D.A. no tipo penal do art. 283.º do Código Penal. Sobre estas questões ver J.M. DAMIÃO DA CUNHA, Comentário..., cit., vol. II, pp. 1009 e ss.

[201] No caso do suicido a punição será pelo art. 177.º se excluirmos a autoria mediata de homicídio ou a prática, de forma muito indirecta, de um crime de incitamento ao suicido, arts. 131.º e 135.º do Código Penal. Sobre esta questão ver COSTA ANDRADE, Comentário..., cit., pp. 75 e ss.; VALADÃO E SILVEIRA, Sobre o crime de incitamento ou ajuda ao suicídio, AAFDL, Lisboa, 1997, pp. 178 e ss.

[202] Neste sentido, FIGUEIREDO DIAS, Comentário..., cit. p. 456.

[203] Contra, exigindo o ânimo libidinoso, embora admita que o móbil do agente possa ser outro, BERENGUER, ob.cit., p. 944; BEGUÉ LEZAÚN, ob.cit., p. 196; genericamente, sobre a exigência de elementos subjectivos especiais ver ainda RIPOLLES, ob.cit., pp. 398 e ss.

A específica intencionalidade do agente, ou, como refere a doutrina, o ânimo libidinoso, não será elemento do tipo das infracções de índole sexual[204].

Para que haja dolo de coacção sexual ou violação de menor, necessário será que o conhecimento e intencionalidade do agente abranjam a inexistência de consentimento, a utilização de meio violento ou de sujeição a ameaça grave e, no que diz respeito ao acto sexual de relevo, exista consciência (e vontade) de estar a envolver a vítima num contexto sexual objectivo[205].

Para a verificação do tipo subjectivo de abuso sexual de crianças basta que o agente tenha consciência de que se trata de uma criança (menor de 14 anos), como tal vulnerável ou mais frágil, que tenha consciência da posição de superioridade, domínio ou ascendência sobre a criança, e tenha intenção de se aproveitar desta situação para obter um consentimento viciado do menor em relação ao envolvimento sexual.

Já as condutas previstas no n.º 3 do art. 172.º levantam maiores dúvidas. Dissemos, na concretização do bem jurídico protegido pelas alíneas a) e b) deste artigo, que as condutas aí descritas deveriam ser objectivamente aptas à diminuição das resistências do menor ao sexo ou à corrupção da sua vontade sexual. Dissemos também que o agente deveria ter, pelo menos, a consciência de que a sua acção poderia ter como consequência a colocação em perigo da autodeterminação sexual do menor.

Mas somos forçados a ir mais longe. Quando qualificámos estas incriminações como crimes de perigo, explicámos que estava em causa o perigo de corrupção da vontade do menor, associado à possibilidade de perturbação da sua livre e espontânea expressão do sexo.

Para que exista tal perigosidade o agente terá que visar precisamente este resultado de, pelo menos, colocação em perigo da autodeterminação sexual do menor. O perigo existente nas condutas descritas das alíne-

---

[204] Criticando também a demasiada importância dada a estes elementos, ROXIN, *"el legislador no se preocupa de sentimentos libidinosos; lo que le importa (...) es la mujer a la que se há violado o de la que se há abusado."*, *Autoría...*, cit., p. 456. As construções que exigem tais intuitos libidinosos vão de encontro a uma concepção de crimes sexuais que assenta, em grande medida, na imoralidade do acto, e não na lesão do bem jurídico em causa: liberdade sexual.

[205] Ainda antes da reforma de 1995, veja-se o Ac. STJ de 20.05.92, no sentido de não exigir o ânimo libidinoso, *BMJ*, 417, pp. 378 e ss.

as a) e b) do n.º 3 do art. 172.º tem que resultar de uma potencialidade ofensiva concreta pelo que se torna forçoso a exigência de uma componente subjectiva especial. O agente deverá visar com a sua sua conduta, a corrupção do menor[206].

Também na alínea e) se deverá exigir uma intencionalidade específica do agente, mas porque a própria lei a refere[207]. De facto, só será punido o agente que detiver os materiais pornográficos descritos na alínea c) se tiver intenção de os exibir[208] ou ceder. Já na alínea d) bastará, novamente, o dolo eventual quanto ao facto de se tratar de material pornográfico para cuja produção foi utilizado um menor de 14 anos.

Por fim, também no que concerne ao lenocínio e tráfico de menores de 14 anos não se terão que verificar quaisquer elementos subjectivos especiais, bastando que o dolo abranja as descrições legais do art. 176.º n.ºˢ 1 e 2 do Código Penal.

B. O consentimento do menor de 14 anos

Quando discutimos as várias concepções de abuso sexual de crianças, ponderámos a possibilidade existir uma presunção legal inilidível de de consentimento iniciado quando o mesmo seja prestado por menores de 14 anos e se dirija à prática de actos sexuais. Dissemos, na altura, que tal perspectiva equivaleria à negação total da existência de liberdade sexual para os menores de 14 anos, pelo que a mesma não seria aceitável[209].

Existem, contudo, outras razões que depõem contra tal entendimento.

---

[206] Da mesma forma que no comentário ao art. 171.º, ANABELA MIRANDA RODRIGUES exige que o agente tenha intenção de, num momento posterior, restringir a liberdade sexual da vítima, sob pena do exibicionismo não consistir sequer num perigo para o bem jurídico tutelado, *Comentário...*, cit., pp. 532 e ss. Só que a intencionalidade não tem que se dirigir a um posterior abuso sexual, basta que o agente pretenda diminuir as resistências do menor ao sexo, ou, de forma mais genérica, corromper a autenticidade da expressão da sua vontade sexual.

[207] No mesmo sentido, MOURAZ LOPES, ob.cit., p. 89.

[208] Por exibir não se poderá entender o consumo do próprio agente, mas, pelo menos, a colocação do material de forma a que possa ser visto (ou ouvido) por um número potencialmente significativo de pessoas, ainda que ninguém assista, a tal exibição.

[209] SANCHES TOMÁS entende que o menor de 12 anos deverá poder pronunciar-se sobre a sua sexualidade, pelo que não deverá presumir-se que todo aquele que ainda não completou os 12 anos não tem maturidade para compreender o sentido de uma relação sexual, ob.cit., p. 123.

A adoptar-se a tese da impossibilidade do menor de 14 anos prestar um consentimento válido, haveria como que uma remissão tácita para o regime do consentimento como causa de justificação, aplicando-se, portanto, o disposto no art. 38.º n.º 3 do Código Penal. Nestes termos, o consentimento que seria pressuposto da tipicidade na maioria dos crimes sexuais, deixaria de o ser no crime de abuso sexual de crianças.

Esta construção depara, desde logo, com um problema: se a vontade do menor fosse absolutamente irrelevante, então este não seria, em bom rigor, vítima dos crimes de coacção sexual ou violação, já que estes pressupõem a oposição do agredido[210].

Por outro lado, se o bem jurídico tutelado é a liberdade sexual, cumpre saber a que espécie de consentimento é que nos referimos. É bem conhecida a discussão doutrinária a respeito da distinção entre consentimento e assentimento (ou acordo)[211]. Para as concepções dualistas, o consentimento excluiria a ilicitude enquanto que o acordo ou assentimento, como elemento do tipo, excluiria a própria tipicidade.

Inicialmente o assentimento apenas excluía a tipicidade quando fosse, por força da lei, elemento do tipo[212]. Gradualmente, contudo, a eficácia do consentimento para excluir a tipicidade foi-se alastrando a outros tipos legais, devido à natureza do bem jurídico por eles protegido. Neste grupo podem incluir-se todos os crimes contra a liberdade, inclusivamente a liberdade sexual, sendo aceite pela maioria da doutrina que estes pressupõem o dissentimento do portador do bem jurídico[213].

---

[210] O sistema seria, então, coerente se previsse apenas o abuso sexual de crianças, sendo este agravado quando o meio utilizado fosse a violência ou a ameaça grave. Ou então haveria sempre concurso efectivo entre o crime do abuso sexual e os crimes de coação ou ofensa à integridade física.

[211] Sobre esta matéria veja-se, entre outros, COSTA ANDRADE, "Consentimento e acordo...", cit., pp. 382 e ss.; CAVALEIRO FERREIRA, Lições de Direito Penal, parte II, teoria da Infracção Penal, Faculdade de Direito de Lisboa, 1940/41, 303 e ss.; ROXIN, Derecho Penal..., cit., pp. 512 e ss.; Luzón Peña, "Causas de atipicidad y causas de justificación", Causas de Justificación y de Atipicidad en Derecho Penal, AAVV, Aranzadi editorial, 1995, pp. 21 e ss.

[212] Como sempre teria que acontecer, por exemplo, com o crime de violação de domicílio, em relação ao qual o n.º 1 do art. 190.º do Código Penal diz: "Quem, sem consentimento..."

[213] Assim, FIGUEIREDO DIAS, Comentário..., cit., p. 456; COSTA ANDRADE, Consentimento e acordo..., cit., pp. 382 e ss.; TERESA BELEZA, Direito Penal..., cit., 2.º vol., pp. 293 e 294; BERENGUER, ob.cit., p. 924; ROXIN, Derecho Penal..., cit., p. 512.

Apesar das críticas que se podem tecer às concepções dualistas[214], cremos estarem certos os autores citados quando qualificam a concordância da vítima nos crimes sexuais como um caso de acordo que exclui a tipicidade. Isto porque a noção de liberdade terá que envolver, obrigatoriamente, tanto o direito de não sofrer condutas não desejadas, mas também o direito de agir como o portador do bem jurídico o entender, tendo como limite apenas a liberdade alheia.

Já aqui dissemos que não seria correcto cindir-se entre vertente negativa e positiva de liberdade. Ao direito penal caberá, no mínimo, reconhecer este direito de livre actuação, não considerando como típicas condutas que se baseiem na livre vontade do portador do bem jurídico[215].

Estas conclusões não podem ser transportas de forma acrítica para a criminalidade sexual praticada contra menores. O art. 172.º do Código Penal não estabelece nenhuma presunção de ausência de consentimento do menor, ao contrário do que acontece na lei espanhola. O entendimento subscrito pela quase unanimidade da doutrina, de que o consentimento do menor será sempre irrelevante, resulta da interpretação da referida norma, e não necessariamente do seu teor literal.

Se pretendermos negar liberdade sexual aos menores de 14 anos, podemos consegui-lo independentemente da qualidade que atribuirmos ao eventual consentimento do menor. Se qualificarmos a concordância do menor como uma situação de consentimento justificante ao qual se aplicará o art. 38.º do Código Penal, o afastamento da ilicitude não se poderá verificar face ao limite de idade exigido por esta última norma.

Caso vejamos este consentimento como um caso de mero acordo, não fica precludida a hipótese de excluirmos liminarmente a possibilidade

---

[214] Veja-se que ROXIN entende que a distinção se baseia numa confusão entre objecto da acção e bem jurídico. Para o autor, os bens jurídicos servem o livre desenvolvimento da personalidade, pelo que não haverá lesão alguma quando uma acção se baseie numa disposição do portador: se um proprietário permite a lesão do seu carro não há crime de dano. É certo que o carro, enquanto objecto da acção, foi lesado, mas não o foi o bem jurídico que é o direito de propriedade. Sendo assim, o consentimento, quando válido, excluiria sempre a tipicidade, *Derecho Penal...*, cit., pp. 517 e ss.

[215] Assim, o acordo valerá como emanação directa e realização autêntica do bem jurídico protegido. O direito de dispor livremente do bem jurídico não poderá ser destacado do próprio conteúdo desse bem, e constitui parte essencial do seu valor para o direito, por todos, COSTA ANDRADE, *Consentimento e acordo...*, cit., p. 509.

de um menor de 14 anos dar o seu assentimento à prática de actos sexuais. E não deixa de ser verdade que são numerosas as dificuldades subjacentes à delimitação das situações em um tal assentimento possa ser validado pela ordem jurídica.

Vejamos que críticas é que poderão ser tecidas contra a primeira construção. Optar pela aplicação do regime do consentimento justificante para o abuso sexual de menores, implicaria um afastamento da regra geral no que diz respeito à incriminações relativas à liberdade sexual.

Mas mais importante, para que nos referíssemos ao consentimento enquanto causa de justificação de um abuso sexual, teríamos que aceitar a existência de um primeiro juízo de censura dirigido à conduta do autor, e só num segundo momento e após uma ponderação de valores o afastaríamos por se reconhecer a prevalência da vontade do menor. A vontade do menor seria, contudo, dirigida à prática de um acto visto como censurável pela ordem jurídica, porque integrando uma concreta tipicidade penal.

É manifesta a falta de congruência de uma tal construção.[216] Está actualmente ultrapassada a ideia de que tipicidade não mais seria do que uma descrição legal neutra e desprovida de qualquer valoração. Pelo contrário, a mera verificação do tipo permite-nos concluir que existe já uma primeira censura dirigida pela ordem jurídica à conduta do agente.[217]

Pelo que teria que dizer-se que todo e qualquer acto sexual praticado com menor, ou contacto sexual que este tenha com outra pessoa, seria visto pela ordem jurídica como algo de negativo por violar a sua liberdade sexual, ou outro bem jurídico de idêntica dignidade. Estando indiciada a ilicitude, havendo sido violado bem jurídico tutelado, poderia então ponderar-se a exclusão daquela através do consentimento do menor. Só que este não seria nunca válido, face ao art. 38.º n.º 3 do Código Penal.

Como bem se vê, esta construção cai pela base se dissermos que nem toda a experiência sexual vivida por um menor de 14 anos pode ser considerada objectivamente lesiva de qualquer bem jurídico associado à

---

[216] A este respeito, ROXIN afirma, em geral, que ao consentimento nunca estará subjacente o conflito de valores característico das causas de justificação penal, *Derecho Penal...*, cit., p. 521.

[217] Afirmando que a tipicidade se exclui pelo facto daquela conduta, em concreto, não ter ocasionado a lesão de nenhum bem jurídico, LUZÓN PEÑA, "Causas de atipicidad...", cit., p. 22; sobre esta questão ver, entre outros, FERNANDA PALMA, *Direito Penal, Parte Geral*, vol. II, AAFDL, Lisboa, 2001, pp. 22 e ss.

juventude. A concordância do portador do bem jurídico, ou seja, do menor de 14 anos, terá incidir, portanto, sobre a própria tipicidade, contribuindo para a delimitação das condutas verdadeiramente abusivas[218].

As dificuldades surgem na identificação dos casos em que o acordo do menor de 14 anos será relevante, e terá como efeito a exclusão da tipicidade. Desde logo cumpre afastar aquelas concepções de acordo que o vêem como uma mera realidade fáctica insusceptível de comprovação.[219]

A distinção radical entre os regimes do consentimento e do acordo foi já ultrapassada, em grande parte, pela doutrina[220], admitindo-se hoje que ao assentimento enquanto elemento do tipo terão que ser impostos alguns limites[221]. Mas que limites? Como determinar a validade e eficácia do acordo?

Neste ponto, acompanhamos a doutrina que remete a definição deste regime para a estrutura típica da incriminação em causa, e para o próprio conteúdo e formas de manifestação do bem jurídico em exercício. Haven-

---

[218] Sendo reconhecida liberdade sexual ao menor, o acordo livre e esclarecido deste não pode representar uma afronta ou sacrifício do bem jurídico, mas a sua realização. Por isso, como salienta COSTA ANDRADE a propósito do abuso sexual de pessoas internadas, uma verdadeira relação de amor será o exemplo paradigmático da falta do elemento típico aproveitamento, *Consentimento e acordo...*, cit., p. 400. Se entendemos que o abuso é elemento do tipo, temos que admitir hipóteses em que ele não exista. Defendendo isto mesmo, mas no que diz respeito ao art. 166.º do Código Penal, FIGUEIREDO DIAS: *"...a existência de aproveitamento deve ser negada (...) sempre que esta (a pessoa internada) tenha revelado íntima e aberta concordância com o acto sexual; no fundo, e mais exactamente, sempre que se não prove que foi a dependência física ou psíquica da vítima originada pelo seu internamento que conduziu à sua resistência ao facto."* O autor continua dizendo que uma presunção de que a concordância da pessoa internada seria sempre criada pela situação de dependência *"...não seria nem psicologicamente fundada, nem político-criminalmente credível, nem dogmaticamente aceitável."* De outra forma, o bem jurídico tutelado não seria a liberdade, mas a moral ou os bens costumes, *Comentário...*, cit., pp. 487 e 488.

[219] Para WESSELS, enquanto que a validade do consentimento depende da maturidade de compreensão de quem consente, já para o acordo só interessa *"a natural capacidade de querer"*, ob.cit., pp. 99 e ss.

[220] Segundo ROXIN a distinção entre consentimento e acordo teria tradicionalmente seis importantes consequências, que o autor critica e das quais destacamos as seguintes: i) no acordo exige-se uma mera vontade interior, ainda que não tenha sido expressa por actos ou palavras, enquanto que no consentimento a expressão da vontade teria que ocorrer de alguma forma; ii) no acordo está em causa apenas a vontade natural da vítima, ainda que a esta falte capacidade de compreensão ou de entendimento, por diminuta idade ou perturbação mental, iii) as situações de erro, engano ou força seriam irrelevantes para o acordo; iv) os bons costumes não se aplicam ao acordo, *Derecho Penal...*, cit., pp. 512 e ss.

do acordo, o portador do bem jurídico estará apenas a exercer, em pleno, um direito decorrente do mesmo bem. Por exemplo, no que diz respeito à liberdade sexual, estará a exercer o direito de se relacionar sexualmente com outra pessoa.

Para sabermos quando é que o acordo será eficaz temos que ponderar o conteúdo do bem jurídico em causa, liberdade sexual, confrontando-o com a *ratio* da incriminação, abuso sexual de crianças[222].

Certo é que não será a cláusula dos bons costumes a delimitar a validade do consentimento[223]. Se apenas aceitássemos que os menores de 14 anos pudessem ter contactos sexuais que não fossem contrários aos bons costumes, o bem jurídico tutelado no art. 172.º do Código Penal não seria a liberdade sexual destes. Por outro lado, e de uma forma geral, o exercício de direitos fundamentais não pode estar sujeito a considerações desta natureza.

É a *ratio* da incriminação que nos indica em que situações deverá ser válida e eficaz a concordância do menor, por ser verdadeiramente livre e esclarecida.

Haverá acordo do menor sempre que a formação e manifestação da sua vontade reúna os seguintes requisitos: i) consciência do significado sexual da sua conduta; ii) capacidade de avaliação da relevância do acto sexual em causa (a maturidade exigida será a proporcional à importância do acto sexual)[224]; iii) inexistência de elementos estranhos no processo de formação da vontade do menor (será um requisito negativo, que permite determinar a espontaneidade e autenticidade desta vontade).

Elementos estranhos serão todos aqueles já referidos a propósito do conceito de abuso sexual, todos os que tenham susceptibilidade de colocar

---

[221] Assim, JAKOBS: *"A fórmula, muito empregue, de que para o acordo basta a concorrência «fáctica» da vontade é correcta na medida em que o acordo não é contrário ao direito nem aos bens costumes. No demais, esta fórmula é em parte equívoca e noutra parte vazia."*, ob.cit., p. 291; no mesmo sentido, ROXIN, *Derecho Penal...*, cit., p. 516.

[222] Neste sentido, CAVALEIRO FERREIRA: *"...o condicionamento dependerá dos requisitos constantes da própria norma incriminatória ou que dela se infiram."*, Lições de Direito Penal..., cit., p. 168; COSTA ANDRADE, *Consentimento e acordo...*, 668.

[223] Por todos, no que respeita à não sujeição do acordo à cláusula dos bons costumes, COSTA ANDRADE, *Consentimento e acordo...*, 668.

[224] Este é, talvez, o requisito que poderá suscitar mais dúvidas. Não podemos ser, contudo, demasiado exigentes. Se formos exigir que o portador do bem jurídico tenha sempre plena consciência das consequências do todo o acto sexual que pratica, seriam bem poucas as relações sexuais verdadeiramente consentidas, mesmo entre adultos.

o menor numa situação de erro ou de sujeição a uma vontade dominadora[225].

A aceitação de assentimento do menor pode assumir relevância juridica nalguns casos, e permite-nos excluir da tipicidade certas condutas sexuais praticadas entre menores, ou entre menores e pessoas mais velhas, que, a serem punidas, implicariam verdadeiras restrições injustificadas à liberdade sexual do menor[226].

É claro que abaixo de uma certa idade, não se poderá falar nunca de um acordo válido por parte do menor, simplesmente porque não se vê como poderão estar preenchidos os requisitos positivos acima descritos[227].

C. O erro sobre a idade ou consentimento do menor

Identificámos já os elementos típicos mais importantes das incriminações que vimos dissecando ao longo do nosso estudo, e que dizem respeito, de uma forma geral, ao abuso sexual de menores. Cumpre agora saber como é que deverão ser resolvidas as situações de erro sobre estes elementos típicos. O erro pode incidir sobre a idade do menor ou sobre a existência de acordo por parte deste.

No primeiro caso, temos que configurar as possibilidades do erro ocorrer em face de uma coacção sexual ou violação (sendo referido à agravação prevista no n.º 4 do art. 177.º do Código Penal) ou face a um abuso sexual de crianças.

---

[225] Chegando a uma conclusão idêntica, SANCHES TOMÁS considera que o consentimento do menor será irrelevante sempre que haja abuso ou aproveitamento, ob.cit., p. 114. Pensamos, contudo, que a nossa resposta permite ultrapassar o círculo vicioso em que se cairia se disséssemos que existe consentimento válido quando não há abuso, e que não há abuso quando o consentimento for válido...

[226] Não nos esqueçamos que o limite de idade está fixado nos 14 anos, e que nem todos os menores de 14 anos serão desprovidos de qualquer espécie de maturidade sexual. Mais, existem actualmente pressões políticas fortes no sentido de um aumento do limite de idade para 16 ou 18 anos, caso em que as considerações que vimos tecendo ao longo deste estudo assumirão uma maior relevância.

[227] Defendemos mesmo que os actos sexuais praticados com menores de uma determinada idade, 2 ou 3 anos, deveriam ser incluídos no art. 165.º do Código Penal, dada a impossibilidade física destas crianças poderem, ainda que pudessem formular uma vontade esclarecida, opor qualquer espécie de resistência. No entanto, dado que as condutas previstas no art. 165.º não estarão sujeitas à agravação prevista no art. 177.º n.º 4, a punição será sempre pelo art. 172.º, independentemente da idade concreta do menor. Neste sentido, REIS ALVES, ob.cit., pp. 43 e ss.

No Código Penal de 1982 existia uma disposição legal que expressamente resolvia os problemas de erro sobre a idade da vítima, estabelecendo uma atenuação da pena quando o erro fosse censurável ao agente[228]. Na revisão de 1995 tal cláusula foi eliminada, pelo que se aplicarão as regras gerais relativas ao erro.

Se um determinado agente praticar um crime de coacção sexual ou violação desconhecendo a idade da vítima, sendo esta menor de 14 anos, estaremos face a um erro sobre um elemento constante de uma agravação, o qual não é exigido para a verificação do tipo base – arts. 163.º e 164.º do Código Penal[229].

Embora não seja um erro sobre um dos elementos do tipo, que exclua a sua verificação, será um erro sobre um elemento do tipo agravado, pelo que a solução será idêntica. Trata-se de um erro-ignorância relativo a uma situação fáctica que impõe a agravação típica de uma conduta e ao qual se aplica o art.º 16.º n.º 1 do Código Penal. Pelo que a solução será a da exclusão do tipo agravado.Simplesmente, o dolo do agente abrange ainda todos os elementos do tipo base de coacção sexual ou violação, consoante os casos. Se os tipos de coacção ou violação, na sua forma simples, não exigem nenhum conhecimento especial relativo à idade da vítima, fica sempre ressalvada a hipótese de punição do agente pela prática destes crimes[230].

Para aquelas condutas que não impliquem violência nem coacção grave, e que portanto se incluem no art. 172.º do Código Penal, o erro sobre a idade do menor terá um tratamento necessariamente diferente. É que um dos elementos do tipo é precisamente o facto de estarmos perante uma vítima menor de 14 anos. Ora, a aplicação do art. 16.º n.º 1 irá conduzir à exclusão do dolo do tipo, e portanto, à impunidade[231]. Esta solução

---

[228] Sobre esta questão, e concordando com as críticas aí expressas, ver FIGUEIREDO DIAS, *Comentário...*, cit., p. 548 e ss.

[229] Sobre esta questão ver SANCHES TOMÁS, "Relaciones normativas de exclusión formal y de especialidad: La problemática del error sobre elementos que agravan la pena a través del ejemplo del error sobre la edad de doce años (violación – estupro)", in *Anuario de Derecho Penal y Ciencias Penales*, ano MCMXCIII, tomo XLVI, fascículo II, 1993, Madrid, pp. 679 e ss.

[230] Esta solução estende-se ao tráfico de menores, que sofre também de uma agravação quando a idade da vítima for inferior a 14 anos, art. 176.º n.º 2.

[231] FIGUEIREDO DIAS, *Comentário...*, cit., p. 549; REIS ALVES, falando, contudo em desculpação, ob.cit., p. 78; SANCHES TOMÁS, "Relaciones...", cit., p. 694

mantém-se ainda que o erro seja censurável, pois não se prevê a violação negligente da autodeterminação sexual do menor de 14 anos.

Haverá alguma possibilidade de atribuir responsabilidade penal ao agente que está em erro sobre a idade do menor? Se verificarmos que existiu uma situação de abuso, mediante engano ou aproveitamento, mas ocorrendo erro sobre a idade da vítima, poderemos aplicar a este agente alguma outra norma incriminadora?

Cumpre identificar primeiro os tipos penais que poderão ter aplicação. No que diz respeito ao abuso sexual, poderão estar em causa os arts. 166.º e 173.º a 175.º do Código Penal. No que diz respeito às condutas exibicionistas, poderão ser aplicados os arts. 171.º e 173.º n.º 2 da mesma lei. Já para a pornografia e pedopornografia só poderá questionar-se a aplicação do n.º 2 do art. 173.º, e para o lenocínio de menor de 14 anos, o n.º 1 do art. 176.º do Código Penal.

Não podendo aplicar-se o art. 172.º, por falta de dolo em relação a um dos seus elementos típicos, vamos determinar a amplitude do dolo efectivo do agente para sabermos se está verificado algum outro tipo.

Se se tratar de um menor internado em estabelecimento, e estiverem verificados todos os restantes elementos constantes do art. 166.º, não vemos razão para que o agente não seja punido por esta norma. Se não for este o caso, restam-nos os arts. 173.º a 175.º, que exigem tratar-se de menor entre os 14 e os 16 no primeiro caso, e entre os 16 e os 18 anos no segundo. A possibilidade do agente estar convencido de que se trata de um maior de 16 anos é pouquíssimo provável, pelo que iremos concentrarmo-nos no art. 173.º.

Desde logo, seria necessário que o menor houvesse sido confiado para educação ou assistência. Ainda que estivesse verificado este pressuposto especial, teríamos sempre que justificar a aplicação do art. 173.º a casos que não foram por ele previstos, ou seja, ao abuso sexual cometido contra menor de 14 anos, quando agente está convencido que a vítima, sendo menor, completou já os 14 anos. Ora, o princípio da legalidade opõe-se frontalmente a tal solução[232].

---

[232] Embora se aceite uma solução idêntica nos casos de homicídio a pedido da vítima, art. 134.º do Código Penal, quando o agente se encontra em erro-suposição sobre a existência de pedido. Aqui, apesar de não existir efectivamente pedido, faltando portanto um dos elementos do tipo do art. 134.º, vamos punir o agente de acordo com o seu dolo. No entanto, a analogia deverá ser admitida neste caso, já que é favorável ao agente, indo mesmo de encontro ao princípio da culpa. Assim, COSTA ANDRADE, *Comentário...*, pp. 69 e 70.

A verdade é que o tipo de art. 173.º não estará verificado se a vítima for menor de 14 anos, e a sua aplicação, na forma consumada, violaria o princípio da legalidade, por se tratar de uma analogia desfavorável ao agente. Apenas se poderia, quanto muito, imputar a este agente a prática de uma tentativa impossível de abuso sexual de menores dependentes[233].

Também nos casos de actuação sobre o menor através de pornografia e de pedopornografia, só poderia haver tentativa impossível face ao art. 173.º, mas a pena aí prevista não o permite. Já no que diz respeito ao exibicionismo, podemos ainda ponderar a aplicação do art. 171.º na sua forma consumada. Não existindo nenhuma referência aí à idade da vítima, afigura-se-nos possível a punição do agente através desta norma incriminadora.

Problema idêntico ao anterior surge também no crime de lenocínio de menor de 14 anos. No crime de lenocínio, o legislador não procedeu a uma agravação da pena em função da diminuta idade da vítima, à semelhança do que havia feito na incriminação do tráfico de menores. O art. 176.º n.º 1 do Código Penal apenas abrange o lenocínio de menores que tenham idades compreendidas entre os 14 e os 16 anos. Mais à frente, o n.º 3 do mesmo artigo procede a uma extensão do tipo, referindo-se aos menores de 14 anos, prevendo simultaneamente uma agravação da pena para o lenocínio de maiores de 14 anos quando sejam utilizados meios violentos ou fraudulentos[234]. Pelo que, havendo erro sobre a idade do menor, não poderá ser aplicado o art. 176.º n.º 1 na sua forma consumada, restando a punição por tentativa impossível. Por outro lado, se os meios utilizados forem os previstos no art. 170.º, nada obsta à sua aplicação.

Se o agente actuar, em relação a um menor de 14 anos, estando em erro sobre a autenticidade do seu acordo, a solução terá que ser, à semelhança do que acontece com o erro sobre a idade, a exclusão do dolo[235]. No fundo, se o autor age convencido de que o menor está a expressar

---

[233] A punibilidade da tentativa, em geral, seria admitida pela pena prevista no art. 173.º, mas já não nos arts. 174.º e 175.º, de acordo com o art. 23.º n.º 1 do Código Penal. Quanto à inexistência de objecto (art. 23.º n.º 3), na maioria dos casos não seria manifesta, sob pena de também ser inviável o erro do agente (casos de crianças muito jovens).

[234] Não se compreende, aliás, o porquê desta distinção, já que os elementos exigidos para a verificação dos dois tipos, para além da idade, são exactamente os mesmos.

[235] Neste sentido, entre outros, ROXIN, *Derecho Penal...*, cit., p. 551; WESSELS, ob.cit., p. 100.

uma vontade livre e esclarecida, nunca poderá haver dolo de abuso, pelo que a punição não será admissível.

É claro que estas situações devem ser analisadas com cuidado, já que a existência de mera concordância fáctica do menor não será suficiente para que o agente possa invocar um erro sobre o consentimento.

4. A Comparticipação

A. Limites à comparticipação: crimes de mão própria e crimes específicos

Uma das questões que tem gerado as discussões mais polémicas no seio dos crimes sexuais, para além do bem jurídico tutelado, é a qualificação destes como crimes de mão própria. Numa primeira análise, mais linear, podemos definir crimes de mão própria como aqueles que exigem a execução corporal ou pessoal de uma actividade para que se concretize o seu desvalor jurídico-penal[236].

Esta qualidade era atribuída pela jurisprudência, e por grande parte da doutrina, à generalidade dos crimes sexuais na mesma altura em que estes eram vistos como crimes contra a moralidade, a honestidade ou os bons costumes[237]. Gradualmente, contudo, quer a doutrina quer a jurisprudência, e só mais tarde o legislador, foram assumindo que o bem jurídico tutelado pelo crime de violação seria a liberdade sexual, colocando em crise a sua natureza de crime de mão própria[238].

---

[236] Assim, TERESA BELEZA, *Direito Penal...*, cit., p. 445; ROXIN, *Autoría...*, cit., pp. 435 e ss.

[237] *"Os crimes de mão própria (...) são crimes como o incesto (...), a bigamia, a violação e a homossexualidade (...), isto é, são crimes que em princípio só podem ser cometidos em autoria directa e imediata."*, TERESA BELEZA, criticando, contudo, a extensão desta qualificativa ao crime de violação, *Direito Penal...*, cit., pp. 444 e ss.; sobre esta matéria ver ROXIN, *Autoría...*, cit., pp. 435 e ss.

[238] Veja-se o Acórdão do Supremo Tribunal de Justiça de 01.07.87, *BMJ*, 369, pp. 325 e ss: *"O crime de violação, previsto no art. 201.º do código penal, não tem a natureza de crime de mão própria, pois que o facto ilícito não é a cópula, mas o forçar uma mulher a ter cópula."* No mesmo sentido, ainda antes da revisão do 1995, TERESA BELEZA, "Ilicitamente comparticipando – o âmbito de aplicação do art. 28.º do Código Penal", in *Estudos em Homenagem ao Prof. Doutor Eduardo Correia*, Universidade de Coimbra, n.º especial, Coimbra, 1984, p. 342.

Actualmente, parece ser relativamente pacífico que os crimes previstos nos arts. 163.º n.º 1 e 164.º n.º 1 do Código Penal não são crimes de mão própria[239]. São, portanto, possíveis, todas as formas de participação criminosa elencadas na parte geral do Código Penal, arts. 26.º e 27.º, a saber: autoria material, co-autoria, autoria mediata, instigação e cumplicidade.

Poderia pensar-se que esta mudança se ficou a dever precisamente ao facto de se haver reconhecido que o bem jurídico tutelado pelo direito penal sexual seria a liberdade sexual. Não estando em causa um desvalor dirigido à imoralidade ou desonestidade da conduta do agente, mas sim à lesão da liberdade sexual da vítima, seria indiferente a forma como tal lesão ocorreria[240].

No entanto, a mudança de entendimento parece ter ocorrido mais porque o legislador incluiu na própria descrição as várias possibilidades de autoria, transformando-as em autoria material, do que porque tenha sido afastada definitivamente a sombra da corporalidade dos crimes sexuais. Exemplo disto é o art. 172.º n.º 2 do Código Penal, o qual, segundo a esmagadora maioria da doutrina, será um crime de mão própria.

A argumentação da doutrina é simples. Enquanto que no n.º 1 do art. 172.º o legislador quis expressamente punir as condutas daqueles que levassem a vítima a praticar actos sexuais de relevo com um terceiro, o mesmo já não sucedeu no n.º 2 da norma[241]. No n.º 2 do art. 172.º diz-se que *se o agente tiver cópula, coito anal ou coito oral*. A conclusão retirada pela doutrina é a seguinte: face ao princípio da legalidade e à comparação com o n.º 1 do art. 172.º, não é admissível considerar como autor do crime previsto no n.º 2 da mesma norma, outro que não o agente que pratique, pessoal e corporalmente, os actos aí descritos.

---

[239] Na doutrina: FIGUEIREDO DIAS, *Comentário...*, cit., p. 458; MOURAZ LOPES, ob.cit., pp. 18 e ss.; MAIA GONÇALVES, ob.cit., p. 562; BERENGUER, ob.cit., p. 924.

[240] Nestes sentido ver também ENRIQUE GIMBERNAT ORDEIG, *Autor y complice en Derecho Penal*, Faculdade de Direito da Universidade de Madrid, 1966, p. 244.

[241] Assim, REIS ALVES: *"Quando é omisso [o legislador] na previsão dessa conduta, é-o intencionalmente, não sendo legítima a punição, a pretexto de um alegado recurso às regras da comparticipação."*, ob.cit., p. 79; FIGUEIREDO DIAS, entendendo, contudo, que não há fundamento para tal distinção, *Comentário...*, ob.cit., p. 547; no mesmo sentido, MAIA GONÇALVES, ob.cit., 582. Contra, apesar da redacção legal do art. 181.º do Código Penal Espanhol o permitir, BERENGUER qualifica o abuso sexual de menores como um delito comum, recusando uma interpretação demasiado literal da norma, ob.cit., p. 945.

Não podemos qualificar o abuso sexual de menores como um crime de mão própria apenas com base numa redacção legal pouco explícita. Não teremos o dever de buscar uma fundamentação mais sólida, num sentido ou noutro? Há que ponderar as consequências desta qualificação, confrontá-las com uma noção material de crimes de mão própria, e encontrar fundamentos supra legais que justifiquem tal entendimento.

Quanto ao primeiro aspecto, é pacífico na doutrina que nos crimes de mão própria só poderá ser autor aquele que execute, pessoal e corporalmente, a acção descrita no tipo legal[242]. Ficam desta forma excluídas certas hipóteses de co-autoria e, em absoluto, a autoria mediata. No entanto, não deixa de ser possível a participação a título de instigação ou cumplicidade.

No que diz respeito a uma definição mais completa de crimes de mão própria, não existe consenso na doutrina. Todos os autores concordam que os crimes de mão própria se caracterizam pela existência de um desvalor especial associado a uma actividade concreta, que deverá ser realizada pelo agente. No entanto, as divergências surgem logo na identificação de tipos de mão própria[243], e também nas fundamentações avançadas para atribuição da natureza de crime de mão própria a uma determinada norma incriminadora.

De acordo com ROXIN[244], existem essencialmente três teorias que procuram uma fundamentação jurídico-penal para a existência de crimes em que apenas pode ser punido como autor aquele que realiza uma actividade material pessoalmente (mão própria), a saber: a teoria literal, a teoria do movimento corporal e a teoria da intensidade.

---

[242] STRATENWERTH, *Derecho Penal*, Parte General, vol. I, tradução de GLADYS ROMERO, Edersa, Madrid, 1992, p. 234; JESCHECK, ob.cit., p. 362; WESSELS, ob.cit., p. 11; TERESA BELEZA, *Direito Penal...*, p. 445.

[243] Assim, a generalidade dos autores alemães identifica como crimes de mão própria, o incesto, a homossexualidade (quando eram punidos) e a bestialidade. Ver, entre outros, ROXIN, *Autoría...*, cit., p. 448; STRATENWERTH, ob.cit., p. 233. Alguns destes autores estendem a qualificação ao abuso sexual de pessoa inconsciente ou incapaz de opor resistência, WESSELS, ob.cit., p. 12; ou à bigamia, JESCHECK, ob.cit., p. 361. Para a doutrina nacional serão crimes de mão própria, no âmbito do direito penal sexual, os seguintes: 165.º, 166.º, 171.º, 172.º n.º 2, 173.º e 174.º do Código Penal, por todos, FIGUEIREDO DIAS, *Comentário...*, cit., pp. 441 e ss.

[244] Sobre toda esta matéria ver, do mesmo autor, *Autoría...*, cit., pp. 438 e ss.

Apenas as duas últimas teorias procuram critérios materiais, pelo que afastamos liminarmente o recurso à teoria literal[245] – já que a mesma não nos responde a uma questão fundamental: qual a justificação para o legislador designar este ou aquele tipo como de mão própria?

De acordo com a teoria do movimento corporal, o desvalor associado à incriminação de mão própria esgota-se numa actividade caracterizada por determinados movimentos corporais, baseando-se numa contraposição entre crimes formais e crimes de resultado[246]. Poderíamos apontar como exemplo o homicídio, que na sua forma livre teria como desvalor o resultado morte, enquanto que no crime de envenenamento o desvalor estaria na própria acção de envenenar outrem.

Mas, como salienta ROXIN[247], esta explicação confunde ausência de resultado com ausência de desvalor do resultado. Os seus defensores partiriam da descrição legal para concluir que a censura seria toda dirigida à actuação física do agente, abstraindo do resultado censurável de tal conduta.

Mas, olhando para o exemplo do homicídio, teremos que concluir que por mais censurável que seja a forma como se pratica um homicídio, o resultado morte será sempre o maior desvalor que a conduta criminosa poderá alcançar, sendo o verdadeiro motivo pelo qual o legislador criou este tipo penal[248]. Aliás, se não fosse a tutela final de um bem jurídico,

---

[245] Esta teoria diz-nos que a qualificação como crime de mão própria depende da redacção legal, quando, de acordo com a mesma, um *extranei* nunca possa realizar a acção típica. Dada a ausência de maior fundamentação, parece ser esta a ideia da doutrina nacional. ROXIN aponta ainda uma outra crítica à teoria literal, entendendo que ela ignora, sem justificação, a função de extensão de tipicidade das normas relativas à co-autoria e autoria mediata, não sendo função do tipo indicar todas as formas de autoria, mas apenas a figura central do crime, ou seja, o autor material.

[246] Era este o entendimento maioritário face aos crimes sexuais, aos quais estava associado um desvalor que se esgotava no contacto corporal entre agente e vítima, não sendo identificado nenhum resultado autónomo deste.

[247] *Autoría...*, cit., pp. 442 e ss. O autor aponta ainda o facto de nem só os resultados serem domináveis pela vontade, mas também as próprias condutas humanas, basta pensar-se na coacção física.

[248] Assim, enquanto que no art. 131.º do Código Penal estaremos perante um crime de forma livre ou material, face ao qual o desvalor do resultado morte assume relevância preponderante, no art. 132.º o legislador estabeleceu algumas formas vinculadas de se cometer um homicídio. Estas acarretam, naturalmente, um especial desvalor da acção, sem que, contudo, deixe de estar presente, como figura principal, a censura dirigida ao resultado morte.

prevenindo-se o resultado lesão ou colocação em perigo (ainda que este apareça apenas no horizonte político-criminal, estando subjacente, mas não presente na incriminação), nem seria justificada a intervenção penal[249].

De acordo com a teoria da intensidade, certas incriminações baseiam-se no particular desvalor associado à especial energia criminosa que é despendida pelo autor material, e apenas por este. ROXIN faz referência à jurisprudência alemã que havia considerado como crime de mão própria o crime de roubo com escalamento, pois o desvalor característico desta incriminação estaria na intensidade da vontade criminosa daquele que, efectivamente, escala. [250]

Em relação a esta teoria, podemos apontar as críticas já referidas no parágrafo anterior. É aceitável que o legislador estabeleça formas de comissão mais graves para certos crimes, fundamentadas num especial desvalor da acção. O que não quer dizer que quando este especial desvalor se verifique, deixe de estar presente a censura dirigida à provocação do resultado.

A ponderação de determinadas formas mais graves de comissão do crime, quer porque o esforço desprendido pelo agente no sentido da realização do crime seja muito elevado, quer porque se tenha conseguido aumentar o sofrimento da vítima, não pode deixar de ser feita pelo legislador. Só não nos parece que esta ponderação deva ser feita a propósito da delimitação das formas puníveis de autoria, e sim a propósito do desvalor da acção de determinadas condutas, ou a propósito da culpa, consoante os casos. Da mesma forma, o facto de conseguirmos identificar condutas mais e menos desvaliosas face à provocação de resultados idênticos, não terá sempre como consequência a desconsideração das condutas menos desvaliosas ou sua exclusão da tipicidade. A teoria da intensidade pode explicar a existência de tipos simples e agravados, mas não nos confere

---

[249] Como já havíamos referido a propósito da distinção entre crime de mera actividade e crimes de resultado, acompanhamos a crítica tecida por ROXIN, já que, nalguns dos crimes considerados formais, não deixará de existir um resultado de lesão ou colocação em perigo do bem jurídico, ver *supra*, ponto II.2.A.

[250] *Autoría...*, cit., pp. 445 e ss. Para ROXIN, esta jurisprudência confunde desvalor da acção enquanto elemento da ilicitude, e formas de culpa agravada baseadas na especial energia criminosa do agente, explicando ainda que um instigador ou cúmplice pode ser portador de uma vontade criminosa muito mais intensa que um autor material.

uma explicação cabal ou satisfatória do fenómeno dos crimes de mão própria.

Nenhuma destas construções permite, portanto, compreender porque é que certos tipos penais apenas punem uma actividade, e somente aquele que a executa, e não todos aqueles que contribuam de forma decisiva para a verificação do resultado proibido.

Face a esta conclusão, ROXIN[251] acaba por entender que a maioria daqueles crimes tradicionalmente qualificados como de mão própria não deixam de estar sujeitos aos critérios gerais de determinação da autoria. No entanto, o autor admite que alguns crimes, eventualmente reconduzíveis à noção de crimes de mão própria, poderão escapar a estas regras, embora o fundamento não esteja em nenhuma das teorias atrás descritas.

Entre este conjunto de crimes, estão aqueles crimes cujo desvalor esteja vinculado a um comportamento, sem que haja lesão de qualquer bem jurídico. Era nesta categoria que se incluíam alguns crimes sexuais, razão pela qual a iremos analisar em pormenor.

De acordo com ROXIN, só devem ser integrados neste subconjunto aqueles crimes em que se vise a tutela da moralidade ou dos bons costumes, sem que se consiga identificar um concreto bem jurídico que possa ser lesado ou colocado em perigo. Seria o caso da punição de actos homossexuais entre adultos, se existisse; da punição da prática de actos sexuais com animais (ou bestialidade), se não estivesse em causa a protecção do animal[252]; e é o caso do incesto, ainda actualmente previsto no Código Penal Alemão.[253]

Nestes crimes, o que se censura é a imoralidade inerente à realização da conduta, e não um eventual resultado desvalioso. Neste tipo de incriminações quando o autor age sem dolo nem sequer contribui para a

---

[251] O autor refere-se aos *crimes de autor*, em que seja censurada uma forma de vida, aos *crimes vinculados a um comportamento*, censurável por si só, e aos *crimes de infracção de dever*, tendo todas estas categorias algo em comum: não pressupõem a lesão ou colocação em perigo de nenhum bem jurídico, nem como mera motivação da incriminação, *idem*, cit., pp. 446 e ss.

[252] Esta última também já não é punida no direito alemão, apenas no que diz respeito à pornografia, §184.III.3 do respectivo Código Penal.

[253] ROXIN dava como exemplo este crime (actual §173 do referido código), comentado a incriminação da seguinte forma: *"esta baseia-se, em grande medida, em motivos irracionais; em tabus ancestrais que conduzem a uma aversão pré-consciente ao incesto e cria nas pessoas a ideia de que o incesto constitui uma acção abominável"*, *idem*, cit., p. 451.

realização de uma acção típica, pois esta não será imoral. Por outro lado, só poderá ser autor aquele que corporalmente, praticar o acto em causa, já que só este cometerá uma imoralidade. Para além da autoria material, só poderiam ser punidos, nestes crimes, os instigadores ou cúmplices, de acordo com a lógica de extensão da tipicidade[254].

Não havendo resultado desvalioso a ponderar, nem bem jurídico a ser lesado, torna-se compreensível a ausência de punição daquelas condutas que somente fossem responsáveis pela ocorrência daquele[255]: autoria mediata, co-autoria moral e omissiva.

Ora, facilmente se conclui também que tal entendimento nunca se poderia estender ao actual direito penal sexual, em que impera a tutela de bens jurídicos pessoais, em especial, a liberdade sexual. Dizer que o abuso sexual de menores, quando envolva a cópula, consiste de um crime de mão própria, é dizer que nestes casos o desvalor da incriminação se esgota na realização da actividade pelo agente.

É dizer também que para a lei só se justifica punir aquele que realize tal contacto corporal, dolosa e culposamente, estando, portanto, excluída a punição da autoria mediata. E é dizer ainda que o sofrimento do menor, quando suporte um abuso sexual com cópula praticado por um agente que actue sem dolo, é indiferente aos olhos da lei e não se traduz em nenhum desvalor subjacente à incriminação.

No fundo, estaríamos fazer incidir a censura penal na imoralidade ou desonestidade daquele que se "atreve" a estabelecer um contacto sexual mais intenso com um menor, ignorando que o bem jurídico tutelado, e o resultado que correspondentemente se pretende evitar, é a violação da autodeterminação sexual do menor. E que esta ocorre independentemente de existir dolo por parte do autor material. Não podemos, portanto, aceitar a qualificação feita pela doutrina. O crime de abuso sexual de menores é, por natureza, um crime comum.

Não fica, contudo, explicada a redacção legal que encontramos no n.º 2 do art. 172.º, nem resolvido o eventual problema de legalidade.

Perante uma distinção idêntica, constante do anterior Código Penal Alemão, entre mera prática de actos sexuais e penetração, a jurisprudência apontava para a existência de crimes de mão própria. ROXIN, contudo,

---

[254] Estavam excluídas a autoria mediata, por não existir sequer crime, e a co-autoria, quando o co-autor não executasse corporalmente a conduta, ROXIN, *Autoría...*, cit., p. 449.

[255] Apontando esta explicação, ROXIN, *idem*, pp. 455 e ss.

avançava outra explicação. Dado que entre as condutas descritas não havia uma diferença significativa de desvalor, o autor conclui que o legislador alemão apenas havia pretendido esclarecer que seriam várias as possibilidades de autoria, concretizando através da descrição legal o que já decorreria das regras gerais[256].

ROXIN acaba por defender que para a caracterização como autor, não será necessário que se verifiquem no agente os elementos violência ou contacto carnal. E estende esta conclusão a todos os crimes sexuais que pressuponham a lesão de um bem jurídico[257].

Será possível defender-se o mesmo perante o abuso sexual de crianças qualificado previsto no art. 172.º n.º 2 do nosso código? Para responder a esta pergunta teremos que saber se foi intenção do legislador esgotar as hipóteses de autoria através da descrição legal.

Impõe-se que nos coloquemos a seguinte questão: será necessário recorrer às regras gerais da autoria para fundamentar uma punição, como autor ou co-autor, nos termos dos arts. 163.º n.º 1, 164.º n.º 1 e 172.º n.º 1, ou basta-nos a descrição legal? Se encontrarmos alguma modalidade de autoria que não esteja descrita nas previsões legais dos artigos citados, diremos que o legislador não poderá prescindir da teoria geral da comparticipação. E de fora da descrição legal, ficou a autoria omissiva. E neste aspecto, a doutrina também tem dúvidas, não aceitando, na sua maioria, a possibilidade de ser praticado um crime de abuso sexual de menores por omissão. Mas, se estivermos perante uma situação de co-autoria também seremos forçados a recorrer às regras gerais da comparticipação, se nalgum dos co-autores não se verificarem todos os elementos referidos no n.º 1 do art. 172.º do Código Penal.

Portanto, a interpretação doutrinária do n.º 2 do art. 172.º não será a única admissível.

---

[256] *"Pelo contrário, é manifesto que [o legislador] pretendeu apenas descrever as modalidades da acção com a maior precisão possível, sem estar completamente dependente das considerações tecidas pela teoria da participação.", Autoría...*, cit., p. 453. Mais à frente, o mesmo autor afirma que quem, juntamente com outro, seduz uma menor de 18 anos é autor de abuso sexual, ainda que não mantenha com esta qualquer contacto carnal, *idem*, p. 455.

[257] Esta doutrina, de acordo com o autor, deverá aplicar-se também ao abuso sexual de menores, já que entende que quem, juntamente com outro, seduz uma menor de 18 anos é autor de abuso sexual, ainda que não mantenha com esta qualquer contacto carnal, *idem*, p. 455.

Parece-nos que se o legislador tivesse previsto todas as consequências da redacção adoptada, não as teria desejado, até porque não encontramos nenhuma referência a este problema nas actas da comissão redactora. Pensamos, portanto, que existe uma outra interpretação possível, e até mais adequada ao desvalor do crime de abuso sexual de crianças.

Não negamos que exista um maior desvalor associado à conduta daquele que tem um contacto sexual qualificado com um menor de 14 anos. Mas temos sérias dúvidas de que este desvalor incida essencialmente na acção do agente e não no resultado.

É verdade que a autodeterminação sexual do menor é igualmente ofendida quer esteja em causa um qualquer acto sexual de relevo, quer esteja em causa a cópula ou o coito. Mas a fragilidade e imaturidade física do menor, que inquestionavelmente foram ponderadas pelo legislador nesta agravação, implicarão um maior desvalor do resultado, feita uma ponderação não só da liberdade sexual, mas também da integridade física do menor. Pelo que não faz sentido punir-se apenas quem actua da forma descrita na norma, mas também quem dá causa directa ao resultado que se pretende evitar com a incriminação[258].

Quanto à delimitação de condutas feita pelo legislador na descrição legal, esta terá um significado imediato e óbvio: todos os que as realizarem serão autores materiais. Certas condutas que seriam consideradas como de autoria mediata, ou só seriam típicas com recurso à lógica da co-autoria, são desde logo qualificadas pelo legislador como de autoria material[259].

O legislador teve a preocupação de identificar claramente todas as condutas do autor material que serão puníveis como abuso sexual. Desta forma evitou que uma determinada conduta sexual não coubesse no teor literal do art. 172.º do Código Penal. Sendo certo que se não existisse autor material não haveria co-autoria – ou ainda se a conduta praticada não se enquadrasse no tipo legal, não haveria crime. Mas não terá pretendido

---

[258] Nem se pode afirmar que o desvalor dirigido ao agente que leva um menor a praticar actos sexuais de relevo com outro menor, será igual ao desvalor do agente que leva um menor a praticar cópula ou coito com outro menor – no entanto, se o art. 172.º n.º 2 for um crime de mão própria, a punição destas duas condutas será feita sempre pelo n.º 1 da mesma norma.

[259] Uma outra limitação à autoria, co-autoria e autoria mediata resultaria da exigência de elementos subjectivos especiais, já que estes terão que se verificar em cada autor (JESCHECK, ob.cit., p. 941; STRATENWERTH, ob.cit., p. 233, JAKOBS, ob.cit., p. 799). Se se exigisse a satisfação de instintos libidinosos do próprio, as hipóteses de autoria seriam muito menores nos crimes de coacção sexual, violação ou abuso sexual.

esgotar, na descrição legal, as possibilidades de autoria. O que não quer dizer que não sejamos sensíveis ao argumento de difícil compatibilização desta construção com o princípio da legalidade[260].

O crime de exibicionismo é igualmente qualificado pela doutrina portuguesa como um crime de mão própria[261]. Mas também aqui, tratando-se de um crime de resultado em que é colocado em perigo ou lesado um bem jurídico de natureza pessoal, não compreendemos a qualificação[262].

Apesar da exaustiva descrição legal, surgem mesmo assim algumas dúvidas na delimitação entre co-autoria e cumplicidade nos crimes de violação ou coacção sexual, que têm também aplicação ao crime de abuso sexual de menores.

Quando a execução do facto é repartida pelos agentes, não é difícil qualificar a sua participação: estaremos no âmbito da co-autoria. Se o agente A agarra na vítima, enquanto que o agente B pratica com a mesma actos sexuais de relevo ou cópula, A e B serão punidos como co-autores, independentemente de virem a trocar de funções[263].

O mesmo se dirá quando A se aproveita da ascendência que detém sobre o menor, levando-o a envolver-se sexualmente com B. A e B serão co-autores, independentemente de existir contacto carnal por parte destes, a não ser que B aja sem dolo ou seja inimputável, caso em que haverá autoria mediata de A.

---

[260] Talvez a construção mais garantística e respeitadora do princípio da legalidade fosse aquela que visse no n.º 2 do art. 172.º nem um crime de mão própria nem um crime comum, mas uma mera agravação da pena, fundada num acréscimo de ilicitude, em função do contacto carnal.

[261] ANABELA MIRANDA RODRIGUES, *Comentário*..., cit., p. 539. Para JAKOBS o exibicionismo será um crime específico próprio, ob.cit., p. 831.

[262] Não vemos razão para ser punido, pela alínea b) do n.º 3 do art. 172.º do Código Penal apenas o agente que materialmente actue sobre o menor, e não também aquele que dê causa directa a tal actuação.

[263] A nossa jurisprudência já entendia assim antes da revisão de 1995: *"...São autores materiais do crime de violação aqueles que tomam parte directa na sua execução, não precisando cada um dos agentes, para cometer o facto punível, de executar todos os factos correspondentes ao preceito incriminador."*, Ac. do STJ de 01.07.87, *BMJ*, 369, pp. 325 e ss.; *"(...)A acção típica prevista no art. 201.º n.º 1 do CP – violação – desdobra-se na dupla modalidade: ter cópula ou constranger a ter cópula com terceiro, pelo que é autor quem realiza essa acção em qualquer dessas duas modalidades apontadas."*, Ac. do STJ de 18.10.89, *BMJ* 390, pp. 142 e ss.; no mesmo sentido, TERESA BELEZA, *Direito Penal*..., cit., p. 445; FIGUEIREDO DIAS, *Comentário*..., cit., 458; BERENGUER, ob.cit., p. 925.

Menos claras são aquelas situações em que alguns dos participantes não exercem de violência nem ameaçam a vítima directamente, (nem detêm sobre a vítima qualquer ascendente), e também não mantêm, com esta, nenhuma relação sexual. Estão, no entanto, presentes no momento e no local da prática dos factos, com pleno conhecimento e consciência da situação, podendo encorajar os agentes e contribuir para o ambiente de intimidação.

A questão é expressamente abordada por BERENGUER, fazendo referência a uma decisão emblemática do STS Espanhol, na qual se afirmou a co-autoria quando *"se produce una violación en la que la presencia de varios individuos, sin previo acuerdo pero con conciencia de la acción que realizan, actúa como componente intimidatorio, aunque no realicen acto alguno, produciéndose lo que puede denominarse gráficamente de intimidación ambiental, porque la simple concurrencia de una o varias personas, distintas del agresor efectivo.*[264]*"*

Trata-se, no fundo, da distinção entre co-autoria e cumplicidade, quer perante condutas activas quer perante condutas omissivas, no âmbito da participação em condutas principais activas.

A distinção parece ser mais fácil perante contribuições activas para um facto principal comissivo. Numa situação de co-autoria, será difícil afirmar-se que cada co-autor detém, sozinho, o domínio do facto[265], pelo que se torna necessário concretizá-lo com respeito às situações especiais de co-autoria.

Para sabermos se uma determinada contribuição que não consista na execução de nenhuma das modalidades típicas da acção, se traduz numa autoria ou em mera cumplicidade, há que recorrer também a outros critérios, corrigindo-os, se for caso disso, com o critério do domínio do facto. Não nos podemos esquecer que sendo ambas causais para a verificação do crime, a autoria terá que ser determinante, enquanto que a cumplicidade será acessória. Mas, no que diz respeito à omissão, iremos desenvolver esta questão mais à frente.

Perante crimes de coacção sexual, violação ou abuso sexual de crianças, cumpre caracterizar as condutas daqueles que não exercem de violência, não ameaçam directamente a vítima, nem procuram tirar proveito de uma situação de superioridade face ao menor de 14 anos, mas ainda assim

---

[264] STS de 12.06.92, citado por BERENGUER, ob.cit., p. 925.
[265] Neste sentido, STRATENWERTH, ob.cit., p. 247.

contribuem, pela sua presença física e/ou prestando ajuda material (fornecendo um local, vigiando o local, etc.), ou verbal, encorajando o agente.

Se o agente apenas fornece o local, ou mantém uma posição de vigia, indica ao agente potenciais vítimas, ou fornece um outro auxílio material ou moral, em princípio, a sua conduta será caracterizada como de cumplicidade. E se o agente estiver presente, durante o decurso e no local da prática do facto, haverá alguma razão para nos afastarmos desta solução? Vejamos dois exemplos práticos:

Caso 1: *O nosso primeiro caso é baseado na operação "Cathedral", e refere-se ao abuso sexual de crianças transmitido, em directo, pela internet a um conjunto de membros de um clube pedófilo, que estão em linha. Alguns desses membros dão instruções, via internet e em directo, para que o abusador pratique determinados actos sexuais de relevo com a criança; os outros limitam-se a aceder ao sítio pedófilo (pagando ou não), e a assistir.*

Caso 2: *A situação é idêntica, mas passa-se numa casa privada. Uma ou várias crianças são abusadas ao vivo, para um conjunto de pessoas que encoraja o(s) abusador(es), pagando ou não para assistir.*

No caso 1 não temos dúvidas em afirmar a existência de mera cumplicidade. E a resposta mantém-se, independentemente de qualificarmos a conduta dos utilizadores do sítio pedófilo como activa ou omissiva[266]. Parece óbvio que estes não detêm o domínio do facto, já que a sua contribuição não é determinante para a finalização do processo[267]. Mais, poderá nem mesmo haver cumplicidade se o facto de existirem pessoas a assistir ao abuso não seja do conhecimento do agente abusador, ou lhe seja absolutamente indiferente[268]. E no caso 2? Apenas difere num elemento do

---

[266] Ver *infra* a problemática da admissibilidade da cumplicidade omissiva, pp. 106 e ss.

[267] Poderá haver instigação se: i) o facto de existirem espectadores foi determinante para a decisão do agente abusador (nomeadamente nos casos em que os ganhos da exibição revertam a seu favor, embora tal não seja necessário); ou ii) se as instruções dadas via internet determinaram o agente abusador a praticar este ou aquele acto sexual com o menor, quando esta decisão não existisse ainda.

[268] Neste caso poderão ser punidos pela omissão de auxílio, art. 200.º do Código Penal, já que o bem jurídico é a liberdade e o auxílio pode consistir da promoção de socorro, TAIPA DE CARVALHO, *Comentário...*, ob.cit., p. 850. De facto, entendemos que a distância física não deve consistir de um obstáculo absoluto à promoção de socorro.

caso 1: a presença física dos *voyeurs*. Mas esta pequena diferença obriga-nos a ponderar a existência de verdadeira co-autoria. Vejamos, contudo, um outro caso de mais fácil resolução.

Caso 3: *A, de 18 anos, monitor num campo de férias, conjuntamente com B e C (16 anos), que frequentam o mesmo campo, encontram-se num dos balneários quando uma das crianças que também está de férias, e que tem apenas 12 anos, entra no local. B e C decidem-se a violá-la (ou abusar dela sexualmente, consoante o meio utilizado). A, encoraja-os e mantém-se no local, ligando o rádio para que ninguém se aperceba do que se está a passar.*

Neste último caso, devemos caracterizar a conduta de A como de co-autoria. Quer houvesse violação, quer mero abuso sexual, A não usou de violência nem ameaçou directamente a vítima, e também não participou directamente do processo de inibição das resistências da menor. No entanto, ele tomou parte da decisão conjunta de praticar o facto, e a sua contribuição pode reputar-se de essencial, quer para a existência do ambiente global de intimidação, quer para que a execução do crime decorresse sem percalços[269].

Analisando este caso 3, somos forçados a concluir que a sentença do STS atrás citada terá ido longe demais. Isto porque a decisão judicial prescindiu mesmo da existência de um acordo entre os co-autores.

A co-autoria não pode deixar de ter como pressuposto o comum acordo: todos os intervenientes devem ser co-titulares da decisão comum de realizar o facto. Não é necessário que haja um acordo prévio, ou um plano previamente traçado, mas também não nos podemos contentar com um mero consentimento unilateral. Será, então, de exigir que todos os co-autores actuem numa cooperação consciente e querida[270] e que tenham consciência de que a sua participação é essencial para a execução do facto[271].

Podemos agora dar resposta ao caso 2, estando já delimitadas quase totalmente as hipóteses de co-autoria. Poderá haver instigação, se o facto

---

[269] Não há aqui que discutir o problema da omissão e da posição de garante decorrente da sua qualidade de monitor, pois, para além de omitir, A agiu e a sua conduta activa é, em si, uma participação de co-autoria.

[270] Assim, JESCHECK, ob.cit., pp. 897 e ss.

[271] Este requisito é também exigido por BERENGUER, no comentário à sentença do STS, funcionando como limite à co-autoria nestes casos, ob.cit., p. 925.

de existir um conjunto de pessoas dispostas a assistir (pagando ou não) à prática de tais actos tenha sido determinante para a decisão do autor ou autores.

Se assim não for, resta-nos a cumplicidade. Não podemos aceitar que os agentes que se limitam a encorajar o abusador, sejam considerados co-autores. Não vimos como é que estes poderão contribuir para o domínio do curso dos factos, ou que a sua contribuição possa ser considerada como essencial para a verificação do resultado.

A mesma resposta se impõe para as actuações daqueles que, estando a assistir a uma coacção sexual ou violação, se limitem a encorajar os autores materiais, estando a vontade destes últimos já pré-ordenada à prática do crime. Não existindo nenhum contributo que se repute essencial ou necessário, para a execução do facto (quando a presença e encorajamento não são sequer relevantes para a existência de um processo de intimidação), nem um acordo entre os participantes, não vislumbramos hipóteses de co-autoria.

Entender o contrário será o mesmo que afirmar-se que todo o agente que esteja presente durante a execução do crime, e que entre, por esta forma, em contacto com o bem jurídico, será co-autor, já que poderia ter impedido o decurso dos factos. Mas então o fundamento da co-autoria não estará numa conduta activa, mas numa conduta omissiva.

Esta conclusão remete-nos para o problema da distinção entre autoria e cumplicidade face a participações omissivas em condutas activas, que iremos tratar de forma mais desenvolvida no próximo ponto.

B. Participação por omissão: os deveres especiais inerentes ao parentesco[272]

Vejamos outros quatro casos que servirão para ilustrar o problema:

Caso 4: *Um grupo de 5 amigos está numa casa particular, quando o dono da casa, A, e a sua esposa B, abusam sexualmente de um*

---

[272] Apesar deste capítulo não se limitar à análise da omissão dos pais, mas sim de todos os que tenham dever de garante, optámos por lhe dar este título de modo simbólico, aproveitando para chamar a atenção para as já referidas estatísticas da pedofilia. De acordo com VITIT MUNTARBHORN, já em 1992 o Parlamento Alemão constatava, a propósito da pedopornografia, que: "*...a large proportion of these videos are amateur films which are*

menor. C, D, e E, que não estavam à espera do desenrolar dos acontecimentos, nada fazem para impedir a consumação do crime.

Caso 5: *A, pai de B, menor de 14 anos, deixa que a criança seja abusada sexualmente por amigos ou conhecidos (a troco de dinheiro ou não).*

Caso 6: *A, pai de B, menor de 14 anos que se encontra a viver numa instituição, ao tomar conhecimento de que esta estaria a ser utilizada em práticas pedófilas, nada faz para impedir a continuação de tais práticas (recebendo ou não dinheiro pelo seu silêncio).*

Caso 7: *A, operador de câmara, é aliciado para proceder a filmagens de abuso sexual de crianças para posterior produção de material pedopornográfico, o que aceita. Durante a execução do crime, A limita-se a filmar os acontecimentos, entregando, no final, as gravações obtidas.*

Estes casos suscitam uma série de questões a que procuraremos dar resposta. Desde logo, cumpre saber se é admissível a figura da cumplicidade omissiva, ou se toda a omissão imprópria se traduzirá, por natureza, numa autoria. E, sendo possível distinguir entre autoria e cumplicidade omissivas, a que critérios iremos recorrer? E ainda, será possível a co-autoria activa e omissiva, ou estaremos sempre perante autorias paralelas?

Antes de mais há que esclarecer o seguinte: só poderemos falar em cumplicidade e autoria por omissão se houver um dever jurídico de agir que recaia sobre o agente, este possa efectivamente agir para evitar ou diminuir o perigo de produção do resultado, e nada faça[273]. Por isso, no caso 4, para que C, D e E pudessem ser responsáveis por uma omissão imprópria, teriam que estar incumbidos de um dever especial de garante.

---

often produced by fathers with their own children or by relatives or other close acquaintances.", ob.cit., p. 17. E mesmo que não sejam os próprios pais os abusadores, grande parte do fenómeno da venda e prostituição de crianças parte da própria família, como salientam STEPHEN e RONALD HOLMES, ob. cit., p. 123.

[273] *"A omissão não é um simples não fazer, mas um não fazer qualificado por um dever de agir, uma não fazer um acção devida."* E esta acção devida resultará do confronto com o tipo penal em questão, trata-se da omissão da acção contra-causal, daquela que seria apta a evitar o resultado, JOSÉ ANTÓNIO VELOSO, *Apontamentos sobre omissão*, AAFDL, Lisboa, 1993, pp. 5 e 6.

A única fonte de garante que poderia estar aqui preenchida seria a ingerência, mas esta exige uma conduta precedente antijurídica que fundamente o dever de acção para evitar o resultado[274]. Não conseguimos vislumbrar, nesta hipótese, uma qualquer conduta precedente (ainda que lícita) de C, D e E, que tenha criado um perigo fora do aceitável na vida em sociedade, fundamentando assim a assunção de um dever especial de garante.

Pelo que estes, se não deram nenhum apoio causal (material ou moral) aos autores, apenas podem ser responsabilizados pela omissão de auxílio, prevista no n.º 1 do art. 200.º do Código Penal[275], porque esteve em causa a liberdade sexual do menor[276].

---

[274] Ou então uma conduta que, embora lícita, acarretasse necessariamente riscos superiores ao normal, embora esta hipótese seja mais duvidosa face ao n.º 2 do art. 200.º do Código Penal. Sobre esta questão ver: TAIPA DE CARVALHO, *Comentário...*, cit., pp. 851 e ss.; JOSÉ VELOSO, ob.cit., p. 18; JESCHECK, ob.cit., pp. 565 e ss. Para uma visão panorâmica das várias doutrinas ver MARTA FELINO RODRIGUES, *A teoria penal da omissão e a revisão crítica de Jakobs*, Almedina, Coimbra, 2000.

[275] De outro modo teríamos que aceitar que todos somos responsáveis pelas fontes de perigo criadas por terceiros, desde que tenhamos capacidade para evitar o resultado. Só que assim estaríamos, no fundo, a eliminar um dos requisitos da omissão imprópria: a existência de um prévio dever jurídico de agir. Para que se verificasse um crime comissivo impróprio seria apenas suficiente que o agente tivesse a possibilidade fáctica de evitar o resultado. Ou então, teria que existir um dever geral de impedir a prática de crimes, o que não resulta da nossa lei. Sobre esta questão veja-se TAIPA DE CARVALHO, *Comentário...*, cit. p. 848: *"Não há um dever geral de impedir a prática de crimes; mas há o dever geral de prestar auxílio àqueles cuja vida, integridade física ou liberdade se encontre em perigo, e o cumprimento deste dever pode ter como efeito (...) a necessidade de impedir a conduta criminosa criadora da situação de perigo."* Por outro lado, aceitar-se, neste caso, a posição de garante, teria por base um raciocínio tautológico. Senão vejamos, C, D e E seriam garantes pelo facto de terem praticado um facto típico e ilícito – auxílio ao abuso sexual. Mas a própria cumplicidade só existiria pelo facto de, devendo, estes nada terem feito. Ora, estaríamos a partir, para afirmar a prática de um crime, da existência de um dever jurídico que decorreria do próprio crime!

[276] No comentário ao §176 do Código Penal Alemão, nas anotações orientadas por JESCHECK, WOLFGANG RUß E GÜNTHER WILLIMS, expressamente se afirma que aquele que apenas assiste à prática de actos sexuais com uma criança não será punido pelo abuso sexual, podendo o omitente ser cúmplice se, por existir uma especial relação de protecção, tiver dever de garante, *Strafgesetzbuch, Leipzig Kommentar*, tomo 37, Walter de Gruyter, Berlim, 1985, p. 54. Num outro caso, em que A, sabendo da prática eminente de um crime, promete ao seu autor que nada dirá à polícia, ROXIN considera existir um omitir impune através de fazer, se quem promete não denunciar o crime, ainda que seja em troca de dinheiro, não está juridicamente obrigado a tal denúncia. Segundo o autor, não estamos

Já nos casos 1 e 2, e ainda não resolvemos o segundo, será mais defensável que os espectadores/apoiantes estejam incumbidos de um dever especial de garante. Isto porque eles contribuem para a criação de uma situação de perigo para o menor, de forma consciente e ilícita.

Quer os utilizadores dos clubes pedófilos, quer aqueles que, conscientemente, se dirigem a um local, pagando ou não, onde irá decorrer um espectáculo que assenta na violação (ou abuso) de menores, estão a contribuir para a prática do crime[277], quer venham posteriormente a omitir quer não.

Dizer que se estes espectadores nada fizerem estão somente a violar o dever geral de auxílio, mas se baterem palmas ou proferirem palavras de incentivo já serão cúmplices morais, é atribuir demasiada relevância à distinção naturalística entre acção e omissão[278]. A verdade é que, com a sua conduta (aceder ao um espectáculo onde são abusadas ou violadas crianças) eles estarão a contribuir de forma causal para a prática do crime (senão mesmo a praticar um outro crime), e estarão a violar as normas que tutelam o bem jurídico em questão.

Mas impõe-se, afirmada que está a existência de responsabilidade nos casos 1 e 2, quer a título comissivo por acção, quer a título de omissão imprópria, determinar se esta responsabilidade, em caso de omissão, será apenas pela cumplicidade ou se haverá verdadeira autoria/co-autoria. Cumpre, portanto, analisar os critérios avançados pela doutrina para a distinção entre autoria e cumplicidade nas participações omissivas.

---

perante uma acção de cumplicidade moral, embora a atitude tenha reforçado a decisão de agente, ou, pelo menos, eliminado um obstáculo (podendo mesmos ser co-causal para o crime) pois não será mais do que um omitir agindo, e não havendo posição de garante, não pode haver omissão imprópria, "Do limite entre comissão e omissão", *Problemas fundamentais de Direito Penal*, Vega, 1986, p. 194.

[277] O que dizer de alguém que assiste a um espectáculo, sabendo previamente o que vai acontecer, no decurso do qual são violadas (e, nalguns casos, assassinadas) mulheres ou crianças? Podemos até pensar que não é a presença da mais ou menos um espectador que será determinante para a prática do crime, mas com certeza que a procura e a presença em tais exibições será causal em relação às mesmas. Não se trata aqui de um qualquer dever de denúncia ou de impedir a prática de um crime, mas do dever, para com o portador do bem jurídico, de não contribuir para que o crime ocorra, o que aliás é fundamento de qualquer incriminação, por acção ou omissão.

[278] Não queremos, contudo, cair no exagero da posição defendida por JACOBS, de uma total equiparação entre acção e omissão, havendo apenas punição quando à acção típica também pré-existisse um dever de garante, ver crítica de MARTA RODRIGUES, ob.cit., p. 100.

Para alguns autores nem sequer se poderá falar de cumplicidade omissiva. Havendo um dever legal de evitar o resultado, e a possibilidade efectiva de o fazer, o omitente terá sempre o domínio do facto, pelo que será autor[279]. Esta solução não deixa de fazer algum sentido, se atendermos a uma concepção de domínio do facto que apenas exija do garante, independentemente da natureza da fonte da qual provém o perigo, que ele intervenha impedindo que os acontecimentos tomem determinado curso lesivo para o bem jurídico tutelado.

Neste sentido, TERESA QUINTELA afirma que se a lesão do bem jurídico depende do comportamento activo e da livre decisão do agente por acção, esta lesão também estará dependente do não exercício pelo garante do seu poder impeditivo. E, portanto, na medida em que o garante não exerce o seu poder impeditivo está a imprimir um curso lesivo aos acontecimentos, de um modo que se pode conduzir ao conceito de execução[280].

Mas esta concepção de domínio do facto, configurada especialmente para os crimes omissivos, conduz à confusão entre um dos requisitos de tipicidade objectiva da conduta omissiva e o critério distintivo entre cumplicidade e autoria. Se, para haver uma omissão típica, é necessário que o agente omita uma acção adequada a evitar a produção do resultado, isto quer dizer que ele, de certa forma, controlou o processo causal que levou à existência de crime. E assim, terá o domínio do facto.

Face à dificuldade de autonomização entre domínio do facto e omissão típica, alguma doutrina nega, em absoluto, o recurso a este critério para fundamentar ou delimitar as situações de autoria nos crimes omissivos[281]. Para

---

[279] Assim parecem entender TERESA BELEZA, *Direito Penal...*, cit., p. 442; ROXIN, *Derecho Penal...*, cit., p. 496; FIGUEIREDO DIAS, já que afirma por um lado que o critério do domínio social do facto – é autor aquele que tem o dever de agir e a concreta possibilidade de intervenção e afastamento do evento – se aplica aos crimes omissivos, pelo que se o omitente pode impedir o resultado será autor (*Direito Penal*, Universidade de Coimbra, Coimbra, 1976, pp. 74 e75); TERESA QUINTELA DE BRITO, *A tentativa nos crimes comissivos por omissão: um problema de delimitação da conduta típica*, Coimbra Editora, Coimbra, 2000, pp. 21 e ss.; JOSÉ MANUEL VILALONGA, "Acção e Omissão – Acórdão do Tribunal da Relação de Coimbra de 1 de Junho de 1988", in *Casos e materiais de Direito Penal*, coordenação de FERNANDA PALMA, CARLOTA PIZARRO DE ALMEIDA e JOSÉ MANUEL VILALONGA, Almedina, Coimbra, 2002, pp. 345 e ss.

[280] Ob.cit., pp. 23 e 27.

[281] STRATENWERTH, ob.cit., p. 318; ROXIN *Derecho Penal...*, cit., p. 496; BERENGUER, que parece fazer depender a existência de cumplicidade ou co-autoria apenas do dolo do agente (consciência da essencialidade da omissão para o resultado), ob.cit., p. 925.

estes autores, ou o garante omitente nunca terá o domínio do facto, ou não é sequer possível estabelecer tal raciocínio para os crimes omissivos.

Como exemplo da primeira hipótese, JESCHECK entende que o omitente nunca terá o domínio do facto quando participa de uma conduta activa. Segundo aquele autor, havendo um agente que pratica um facto comissivo por acção, será este quem tem o domínio do facto, pelo que o omitente só poderá ser cúmplice.[282] Parece, então, que o domínio do facto será apenas o controle directo ou material da execução do facto, e não a mera possibilidade de evitar o resultado[283].

Já STRATENWERTH[284] entende que o critério do domínio do facto só poderia conduzir à conversão de toda a participação omissiva em autoria, pois o omitente teria que ter a possibilidade de impedir a acção criminosa.

Por essa razão, defende a adopção de um critério autónomo: haverá autoria quando o dever de garante do omitente se fundamenta na relação do participante com o bem jurídico, e cumplicidade quando se fundamente na relação deste com o autor.

Também ROXIN recusa a idoneidade do critério do domínio de facto como diferenciador nos crimes omissivos. Para este autor, os crimes omissivos serão verdadeiros crimes de infracção de dever, pelo que é a titularidade do dever de agir que caracteriza a autoria[285].

Mas, se as concepções anteriores confundiam domínio do facto com imputação objectiva, estas pecam por estabelecer a mesma confusão no que diz respeito a outro dos requisitos típicos do crime omissivo: a existência de um dever jurídico que recaia sobre o agente.

Não sendo este o espaço adequado para uma referência exaustiva a esta problemática, iremos apenas preocuparmo-nos com a matéria necessária à delimitação entre autoria e cumplicidade omissivas nos crimes sexuais.

---

[282] *"O domínio do facto só se transmite ao omitente quando aquele que actue deixe de dominar o curso dos factos."*, ob.cit., vol. II, p. 96.

[283] Veja-se, a este respeito, a análise crítica de TERESA QUINTELA, quando afirma que entender que aquele que omite nunca tem o domínio do facto quando participa de uma conduta activa só é possível se moldarmos a concepção de domínio do facto sob a estrutura tradicional dos crimes comissivos por acção, defendendo por isso a já referida concepção autónoma de domínio do facto para a omissão, ob.cit., p. 26.

[284] Ob.cit., pp. 317 e ss.

[285] Assim, toda a participação omissiva seria autoria, *Derecho Penal...*, cit., p. 496

Desde logo, temos que fundamentar a admissibilidade da cumplicidade omissiva em termos gerais, face ao disposto nos arts. 10.º e 27.º do Código Penal. Se a cumplicidade consiste num mero facilitar da acção típica (art. 27.º), então os cúmplices por omissão não deveriam ter o poder de impedir a agressão do bem jurídico, caso contrário não estariam somente a prestar um auxílio. Mas assim não estará preenchido o requisito exigido pelo art. 10.º do Código Penal: a acção omitida não é adequada para evitar o resultado.[286]

O primeiro ponto a dar como assente é então que toda a participação omissiva, por força do mencionado art. 10.º, irá fundar-se num dever especial de garante e terá que consistir na omissão de uma acção adequada a evitar ou a diminuir a probabilidade da produção do resultado.

Quer para a autoria, quer para a cumplicidade, portanto, terá que existir um prévio dever jurídico de agir. A posição de garante decorrerá, na maioria das vezes, da existência de deveres de assistência ou protecção fundados em laço de sangue ou vínculo legal análogo (adopção, atribuição do poder paternal ou de tutela, etc.), assumidos por acto voluntário ou inerentes a determinada profissão (amas, professores, médicos, etc.).[287]

Mas poderá também fundar-se na responsabilidade por uma esfera de domínio da qual o agente seja titular, ainda que não tenha um dever especial de protecção do portador do bem jurídico, por exemplo, o proprietário de uma casa será responsável pelo que lá se passa, tal como o director de uma escola (ainda que não seja professor da criança), ou o director de uma clínica (ainda que não seja responsável pelo tratamento da criança em questão).[288]

---

[286] Apresentando este argumento, mas afastando-o mais à frente, MANUEL VILA-LONGA, ob.cit., p. 347.

[287] JESCHECK questiona que o dever de garante dos pais seja extensível aos ataques a todo e qualquer bem jurídico dos filhos: *"... os parentes mais próximos estão obrigados reciprocamente, em regra, a afastarem perigos que ameacem a integridade física ou a vida. É duvidoso, contudo, a amplitude a dar ao círculo de parentes nesta perspectiva ou se se poderão proteger também bens jurídicos de inferior valor à integridade física ou à vida."*, ob.cit., p. 857. Não temos dúvidas que estes deveres de garante de abranjam a liberdade sexual do menor. Neste sentido depõe o art. 200.º do Código Penal que estende o dever geral de auxílio à tutela da liberdade. Por maioria de razão, o garante terá que estar, pelo menos, vinculado na mesma medida do comum cidadão.

[288] Referindo-se a esta fonte de garante, JOSÉ VELOSO, ob.cit., p. 15. JESCHECK dá como exemplo de crime omissivo impróprio, o de um taxista que não impede uma violação que ocorre no seu carro, ob.cit., p. 867. Se aceitarmos que o fundamento do crime é a

Num segundo momento, a omissão do garante terá que consistir, pelo menos, de um contributo eficaz para a execução do crime. Isto acontecerá sempre, já que o omitente só é responsável se podia ter contribuído para a não produção ou diminuição do risco de produção do resultado. Mas, para fundamentarmos a co-autoria, não basta a possibilidade de impedir o resultado[289], apenas porque o omitente pode chamar a polícia, imobilizar o agressor, avisar a vítima, etc.

É deste pressuposto que parte TERESA QUINTELA para distinguir entre autoria e cumplicidade omissivas. Segundo a autora, *"...qualquer pessoa que assista ao início da tentativa de um crime por acção ou omissão pode, através da sua inércia, assegurar a finalização dessa tentativa, sem que por isso se transforme num co-autor (...) Nem mesmo a consideração da especial qualidade do garante consegue alterar este quadro, porque, (...) a mera titularidade de um dever não funda a autoria.[290] "*

Constatado este facto, o critério delimitador deverá ser então fornecido pelo próprio tipo incriminador: se a não intervenção do garante corresponde à forma de domínio do facto pressuposta pela norma penal em causa, o garante será autor; se a não intervenção do garante jamais poderia corresponder à particular forma de agressão do bem jurídico, o garante será mero cúmplice[291].

Se bem que concordemos com esta formulação, que, aliás, não nos parece assim tão específica dos crimes omissivos, já não podemos concordar com as conclusões retiradas pelos autores que, à semelhança de TERESA QUINTELA, limitam a distinção entre autoria e cumplicidade ao critério do domínio do facto.

Reconhecendo-se que a delimitação terá que passar por uma interpretação do tipo incriminador, ficamos aquém das virtualidades desta ideia

---

situação de monopólio de salvamento, então o facto da violação ocorrer no táxi seria irrelevante: bastaria que o taxista se apercebesse de que estava a decorrer uma violação, na rua por exemplo, para se tornar cúmplice desse crime. Face ao direito português, e ao disposto no art. 200.º, será muito duvidoso que qualquer situação de monopólio de salvamento possa suscitar um dever especial de garante.

[289] Neste sentido, TERESA QUINTELA: *"Não é o não exercício de um qualquer poder impeditivo que converte o garante num autor..."*, ob.cit., p. 31.

[290] Ob.cit., p. 30.

[291] *Idem*, p. 31; em sentido idêntico, MANUEL VILALONGA, ob.cit., p. 347.

quando concluímos que tal distinção decorre, sempre e só, da natureza da norma.

Assim entendem aqueles autores para os quais apenas haverá cumplicidade omissiva quando a autoria por omissão seja excluída pela natureza da incriminação, o que acontecerá inevitavelmente nos crimes de mão própria, de forma vinculada e aqueles que contenham elementos subjectivos especiais[292].

Mas esta construção pode ter ainda consequências mais profundas, se entendemos que todo o garante é autor a não ser que, excepcionalmente, o tipo em causa não o permita.[293] Podemos converter todo o cúmplice e

---

[292] FIGUEIREDO DIAS, dando a entender que apenas poderá haver cumplicidade omissiva no crime de abuso sexual de menores, *Comentário*..., cit., p. 551; no mesmo sentido, TERESA QUINTELA, embora exclua deste conjunto os crimes que contenham elementos subjectivos especiais, ob.cit., pp. 21 e 29; MANUEL VILALONGA, ob.cit., p. 348. Excluindo a omissão impura nos crimes sexuais, MARIA DO CÉU NEGRÃO, ob.cit., p. 22.

[293] Podemos ter que negar a existência de cumplicidade, não só nos crimes omissivos, mas em todos, desde que o cúmplice pudesse intervir para evitar a prática do facto. Senão vejamos: é cúmplice do crime de homicídio o farmacêutico que cede o produto letal, com consciência da sua finalidade. Imaginemos que o farmacêutico, para além de ceder o produto, vive na mesma casa onde vai decorrer o homicídio, e está presente, num outro quarto, no momento do crime. Passará a ser co-autor, por surgir um dever de agir no sentido de evitar o resultado morte? Mas este dever de agir não existe a partir do momento em que o farmacêutico fornece dolosamente a arma do crime? E nem se diga que só na segunda sub-hipótese é que o farmacêutico passa a deter o domínio do facto, porque, estando presente, tem possibilidade real de impedir o crime. A verdade é que o omitente pode impedir a produção do resultado mesmo não estando presente no momento da consumação, basta que denuncie o autor à polícia. Veja-se que, de acordo com TERESA QUINTELA, o facto de um garante omitente assistir ao início da tentativa do autor por acção atribui desde logo ao primeiro o domínio do facto, já que com a sua inércia não impede a consumação do crime. Ora, se em vez de apenas assistir, uma qualquer pessoa contribuir, agindo, para o início da execução do facto típico (determinando o autor ou dando-lhe auxílio), não ficará a mesma imbuída do dever legal de impedir a consumação do crime por ter praticado um facto típico e ilícito? Se a resposta for afirmativa, estaremos a transformar todos os instigadores e cúmplices em autores ou co-autores, já que podiam e deviam ter impedido a consumação do crime (tinham o domínio do facto), através de denúncia à polícia ou avisando a vítima, e não o fizeram. Esta relação íntima entre omissão e acção é mais visível num outro exemplo, avançado por MANUEL VILALONGA (ob.cit., p. 348): trata-se de um crime de furto, dentro de uma habitação, com ajuda de um participante que, propositadamente, se esquece de ligar o alarme. Se o alarme estivesse ligado, o furto não aconteceria. Admitindo que a intenção de apropriação não tem que visar a posse do bem para o próprio (podendo ser para terceiro), este cúmplice passaria a ser autor. É a conclusão a que chega MANUEL VILALONGA. Mas, se o cúmplice em vez de não ligar o alarme, o desligasse? Já não estaríamos

instigador, garantes pelo facto de terem contribuído activamente para a criação de um risco proibido para o bem jurídico, em autores ou co-autores por omissão, se não impedem a consumação do crime pelo autor material.

Portanto, para uma delimitação entre cumplicidade e autoria omissivas, há que exigir que a omissão do autor constitua um contributo determinante ou essencial para a execução do crime. Para tal, nada obsta a que recorramos aos critérios disponíveis para os crimes comissivos.

A actuação do omitente autor será determinante para a execução do crime, ou porque consiste na realização da acção típica (quando esta possa ser realizada da forma omissiva); ou em função de um acordo e repartição de tarefas entres os co-autores; ou porque tenha consistido na eliminação de um obstáculo sério, não podendo tal omissão ter sido levada a cabo por um qualquer agente.[294]

No entanto, para podermos punir a autoria por omissão nos crimes sexuais, teremos que ultrapassar ainda dois obstáculos. E o primeiro decorre da eventual caracterização destes crimes como de mera actividade. Só haverá equiparação da omissão à acção, de acordo com o art. 10.º do

---

perante uma omissão, e sim perante uma conduta activa, mas a solução era a mesma – este cúmplice havia tido o domínio do facto, pois se não tivesse desligado o alarme, o furto não ocorria, sendo portanto, co-autor. O critério do domínio do facto, visto como a mera possibilidade de uma determinada agressão a um bem jurídico vir a existir ou não, é insuficiente e deverá ser completado com outros que o concretizem. Podemos, no fundo, tecer o mesmo tipo de criticas que são opostas à teoria da *conditio sine qua non* – sendo a produção de um resultado um decurso de actos, todos interligados entre si, a eliminação de um desses actos pode fazer toda a diferença. O mesmo tipo de objecções pode opor-se à doutrina alemã da troca do domínio do facto em casos de suicídio, a partir do momento em que a vítima fique inconsciente (parece ser esta a posição adoptada por Costa Pinto, *A relevância da desistência em situações de comparticipação*, Almedina, Coimbra, 1992, p. 293). De acordo com a referida teoria, aquele que, a pedido do suicida, lhe fornece a arma letal, praticaria um crime de homicídio a pedido da vítima se estivesse presente no momento em que esta fica inconsciente, e não praticaria crime algum se apenas cedesse a arma (já que o Código Penal Alemão não prevê o crime de incitamento ao suicídio). Tal construção não é aceitável, aquele que presta um mero auxílio ao suicida, ainda que o acompanhe na hora da morte e não promova, posteriormente, o auxílio, comete sempre e só o crime previsto no art. 135.º do Código Penal. Sobre esta questão ver Costa Andrade, *Comentário...*, cit., pp. 91 e ss.

[294] No fundo, aplicando um raciocínio analógico ao que faz Gimbernat Ordeig a respeito da teoria dos bens escassos, *Autor y complice...*, cit., pp. 167 e ss.

Código Penal, quando seja possível ao garante evitar a produção de um resultado.

Ora, dissemos já que não é possível negar a existência de um resultado nos crimes sexuais – o qual corresponderá à lesão concreta da liberdade sexual da vítima. Mas mais importante, não nos parece que o art. 10.º se pretenda referir à existência de um resultado destacável espacio-temporalmente da acção (o que seria uma perspectiva demasiado formal, indiferente à função de tutela de bens jurídicos do direito penal), e sim à existência de um desvalor do resultado que se concretize num determinado portador do bem jurídico tutelado, e que possa ser evitado pelo garante.

O segundo obstáculo resulta da visão tradicional dos crimes sexuais, reputando-os como crimes de mão própria. Ou, de acordo com alguma doutrina, como crimes que contêm elementos subjectivos especiais. Ou ainda, como crimes de forma vinculada, quando exigem que a execução decorra mediante violência, coacção, engano, aproveitamento, etc.[295] Dado que afastámos quer a natureza de crime de mão própria do abuso sexual de menores, quer a necessidade de satisfação, por parte do autor, dos seus instintos sexuais, resta-nos analisar a última categoria de crimes.

De facto, os crimes de coacção sexual e violação exigem que se verifique a violência ou ameaça grave, e, de acordo com o que defendemos para o abuso sexual de menores, este tipo exigirá o aproveitamento de uma situação de superioridade ou especial vulnerabilidade. Também é verdade, contudo, que nesta categoria de crimes, a autoria por omissão só estará excluída se não for de todo possível a realização omissiva destes elementos[296].

É, quanto a este aspecto, que a interpretação do tipo incriminador se revela determinante para a delimitação entre cumplicidade e autoria. Pensamos, portanto, que pode ser co-autor por omissão de um crime de violação aquele que, embora não tenha um contacto directo com a vítima, dê uma contribuição essencial, pela sua presença, para que esta se sinta intimidada com tal intensidade que não ofereça resistência. Da mesma forma pode praticar o crime abuso sexual de menores como co-autor aquele

---

[295] Assim STRATENWERTH, ob.cit., p. 318; JESCHECK, ob.cit., vol. II, p. 865.
[296] Veja-se que FIGUEIREDO DIAS admite quer a autoria, quer a participação por omissão nos crimes de coacção sexual e violação, *"Comentário...*, cit. p. 458.

que, embora nada fazendo, seja uma peça essencial para que o menor se sujeite à actividade sexual.

Assim, no caso 2, os espectadores serão meros cúmplices, tal como no caso n.º 1, a não ser que haja verdadeira instigação. Já no caso 5, estaremos perante uma autoria por omissão. Neste caso, atendendo aos deveres de vigilância e protecção que recaem sobre os pais, ainda que este se limite a deixar que os abusadores conduzam o filho menor ao local onde se pratique o crime, a sua conivência revela-se essencial para que o abuso ocorra.[297] E também não encontramos nenhum obstáculo a que exista co-autoria entre condutas activas e omissivas, desde que exista uma vontade ou consciência de execução conjunta[298].

O mesmo não se poderá afirmar no que concerne ao caso 6. Aqui, a conivência do garante não se revelou essencial para que o crime ocorresse ou ocorra. A partir do momento em que este toma conhecimento da situação, a sua omissão passa a fornecer uma contribuição objectiva, se bem que não determinante, para a execução dos novos abusos, sendo portanto cúmplice. A mera possibilidade do garante poder, de alguma forma, impedir a consumação do crime, não o transformará em autor[299].

---

[297] Na mesma situação estarão outros garantes que tenham, para além do dever legal, o poder real de controlar os movimentos ou deslocações do menor, e omitam acções devidas, já que estas sempre seriam determinantes para a execução dos crimes. A verdade é que a alguns garantes (pais, professores, tutores), é-lhes inerente uma posição de autoridade e ascendência sobre menor, que será elemento decisivo no seu processo de formação da vontade, ainda que estes garantes apenas dêem permissão ou concordem com a prática dos actos sexuais.

[298] Neste sentido, MANUEL VILALONGA, ob.cit., p. 349; contra, entendendo que nunca pode haver, nestes casos, domínio conjunto da agressão, TERESA QUINTELA, ob.cit., p. Parece-nos que esta autora acaba por afastar-se do seu entendimento inicial, sujacente à crítica que dirigiu aos autores que negam a existência de domínio do facto nos crimes omissivos. Não é pelo facto de existir uma conduta activa que um co-autor omitente deixa de poder dominar essa execução, só que não a domina directa ou corporalmente.

[299] Será diferente a nossa resposta se ao pai couber o poder de manutenção da criança na instituição, ou se a puder daí retirar livremente. Neste caso, a omissão do pai, que não retira a criança da instituição onde decorrem os abusos, já será essencial para que estes continuem a acontecer. No exemplo dado no caso 6, entendemos que o facto do pai não viver com o menor, por alguma razão, não lhe retira a posição de garante. Em sentido ligeiramente diferente, BEGUÉ LEZAÚN, entende que haverá comissão por omissão quando alguém com dever de garante, saiba dos fins para que o menor está a ser usado e, em conivência com os autores materiais, permita a continuação das condutas ilícitas, sendo então co-autor, de acordo com a ideia de cooperação necessária. O autor comenta a disposição cons-

Resta-nos apenas resolver o caso 7. Podemos excluir, liminarmente, a autoria de abuso sexual de crianças, pelas razões já aqui apontadas. E devemos afirmar, em contrapartida, a autoria de um crime de pedopornografia, já que A utiliza um menor em gravação pornográfica (art. 172.º n.º 3 alínea c) do Código Penal). Resta saber se A será também cúmplice, por omissão, do crime de abuso sexual.

Temos que fundamentar o seu dever de agir, ou seja, encontrar uma fonte para a posição de garante. Mais uma vez, a única fonte seria a ingerência: A constitui-se no dever de impedir a consumação ou continuação do crime pelo facto de criar ou contribuir para a criação, de forma ilícita, de um risco de lesão do bem jurídico, ficando depois responsável pela protecção desse mesmo bem.

Vejamos se lhe poderíamos imputar uma conduta de cumplicidade por acção. Não nos parece que possa haver cumplicidade material, pois o facto de A lá estar a filmar não é causal, nem consiste de um auxílio à execução do abuso sexual[300]. Seria também difícil dizer que A presta um auxílio moral à prática do crime em questão, a não ser que a conduta deste viesse reforçar, de alguma forma, a vontade criminosa dos autores.

Mas assim também não conseguimos encontrar uma conduta ilícita prévia que fundamente o dever legal de agir, pelo que nem sequer haverá cumplicidade por omissão. Tal como no caso 5, A seria, em princípio, apenas responsável pela omissão de auxílio, quanto muito, e pelo crime de pedopornografia.

C. A comunicação das circunstâncias agravantes

No que concerne à comparticipação criminosa nos crimes sexuais, importa ainda referir o problema da comunicação das circunstâncias agra-

---

tante do n.º 4 do art. 189.º do Código Penal espanhol – que diz que o responsável ou tutor do menor que souber do seu estado de prostituição ou corrupção e não tentar impedir ou denunciar, tem uma pena de multa 6 a 12 meses, estabelecendo assim um crime de omissão pura – considerando, contudo, que tal crime será consumido pelo crime de lenocínio, se o agente, com a sua omissão, tiver intenção de facilitar a prostituição. Entendo também que a eventual cumplicidade dos pais do menor será absorvida pelo crime de lenocínio, FIGUEIREDO DIAS, *Comentário...*, cit., p. 551.

[300] Já não será assim se o abuso das crianças tem por objectivo principal, ainda que não seja o único, a produção do material pedopornográfico, caso em que podemos atribuir à conduta de A uma ajuda material importante, constituindo-se este como cúmplice, por acção, do crime de abuso sexual de crianças.

vantes previstas nas alíneas a) e b) do n.º 1 do art. 177.º do Código Penal, face ao disposto no art. 28.º da mesma lei. Cumpre primeiro identificar e qualificar tais circunstâncias: tratam-se de relações especiais entre o agente e a vítima, relações de parentesco, tutela, ou outra forma de dependência; e são fundamento para um aumento da ilicitude do facto, como circunstâncias que qualificam o crime.

Em suma, são elementos que transformam os crimes sexuais aqui abrangidos, em função da agravação, em crimes específicos impróprios.

Pela mera leitura do mencionado art. 177.º, podemos concluir que estas circunstâncias não serão exclusivas do autor material de um delito sexual, pelo contrário, podem verificar-se em qualquer um dos comparticipantes. Mas, neste caso, serão extensíveis aos comparticipantes que as não possuam? A resposta terá que ser dada pelo art. 28.º do Código Penal.

Desde logo, se a circunstância se verificar no autor, mas não no instigador ou cúmplice, nem sequer necessitamos de recorrer ao art. 28.º, já que a extensão da pena aplicável se dará por via dos arts. 26.º e 27.º, que são, em si mesmos, já uma extensão da tipicidade.

O art. 28.º irá aplicar-se quando as circunstâncias se verifiquem num co-autor, mas não nos restantes, ou num participante mas não no autor ou nos outros participantes[301]. As circunstâncias referidas no art. 177.º enquadram-se na categoria de crimes referida no art. 28.º pois o grau de ilicitude do crime sexual estará dependente de relações especiais do agente. Impõe-se, portanto, concluir pela comunicabilidade de tais circunstâncias[302].

A comunicação poderia afastar-se se as circunstâncias previstas no art. 177.º n.º 1 pudessem integrar-se na excepção prevista na parte final do n.º 1 do art. 28: *quando outra for a intenção da norma*. Tem sido difícil, contudo, determinar-se em que situações não há intenção da norma no sentido de se proceder à comunicação.

---

[301] Neste sentido, TERESA BELEZA, "Ilicitamente comparticipando...", cit., pp. 597 e ss.
[302] É claro que terá que existir dolo de cada agente prejudicado pela comunicação, nos termos gerais, dirigido à circunstância em questão, sendo aqui aplicável em pleno o regime do erro previsto no art. 16.º do Código Penal.

Um conjunto de casos parece óbvio que aí se deverá integrar – quando o legislador associe o especial desvalor da circunstância à conduta do agente material, pelo contacto directo que este tem com o bem jurídico tutelado. Estamos, no fundo, a referirmo-nos aos crimes tradicionalmente caracterizados como de mão própria. No entanto, ficou já claro que os crimes sexuais não serão crimes de mão própria[303], pelo que, por esta via, não estão abrangidos pela referida excepção de comunicabilidade[304].

No entanto, há algo mais a dizer. Veja-se que a circunstância constante da alínea b) do n.º 1 do art. 177.º não se baseia apenas na existência de uma relação especial entre agente e vítima, torna-se necessário que o agente se aproveite dessa relação, para que o facto, globalmente, se revista de uma maior ilicitude. Quando tal aconteça, nada temos a opor a que se proceda à comunicação, já que todos os comparticipantes beneficiaram deste aproveitamento, tendo o mesmo contribuído de modo essencial ou significativo para a existência do crime, ainda que apenas um dos comparticipantes (que poderá ser um mero cúmplice) possua tal qualidade[305].

Mais problemática se torna a análise da circunstância prevista na alínea a) do n.º 1 do art. 177.º, pois aí não se exige qualquer aproveitamento. Deveria então estender-se a exigência prevista na alínea b) à alínea a)? Pensamos que não. A agravação em questão justifica-se independentemente de ter existido aproveitamento da relação especial com a vítima. O mesmo já não se poderá dizer, contudo, no que diz respeito à comunicação da agravante.

O art. 28.º, como o próprio indica, aplica-se somente às circunstâncias que fundamentem um aumento do ilícito típico, já não se aplicará àquelas que digam respeito à culpa do agente, pois para estas funciona o art. 29.º do Código Penal. Necessário se torna, portanto, identificar a natureza

---

[303] Veja-se, em nosso favor, que não faria sentido que existisse comunicação destas circunstâncias quando o crime praticado pelo autor material consistisse num qualquer acto sexual de relevo, mas já não operasse a comunicação se este praticasse cópula ou coito com o menor.

[304] Em sentido convergente, e expressamente no que toca aos crimes sexuais, TERESA BELEZA, "Ilicitamente comparticipando...", cit., pp. 643.

[305] Entendemos que não é preciso que seja o agente especialmente qualificado quem terá que se aproveitar, na execução do crime, da relação especial com a vítima. O aproveitamento pode ser feito pelo *extraneus*, desde que com o conhecimento do *intraneus*, podendo este último ser, por isso, um mero cúmplice ou instigador.

desta agravante, se de ilicitude, se de culpa, para determinarmos o seu regime.

Em princípio, inerente à agravação estará um aumento da ilicitude, mas nem sempre será assim. Na maioria dos casos, o facto de um dos comparticipantes possuir uma relação de parentesco ou tutela com a vítima será determinante, ou pelo menos significativo, para a existência do crime. Por várias razões: facilidade de acesso à vítima, confiança que a vítima naturalmente deposita sobre o agente e os que o acompanhem, maior facilidade de vencimento das resistências da vítima, etc.

Nestes casos, aquilo que em primeira linha aumenta é a ilicitude global do facto, na sua vertente de desvalor da acção. Por este motivo a comunicação da circunstância agravante insere-se perfeitamente no art. 28.º [306] e revela-se adequada aos princípios e finalidades do direito penal [307].

Contudo, a existência de uma relação de parentesco ou de tutela poderá revelar-se absolutamente inócua, não tendo contribuindo nem facilitado, de nenhuma forma, a prática do crime[308]. Nestas situações, em que é que se fundamenta a agravação? Acreditamos que a fundamentação incide, não numa maior ilicitude do facto, mas sim numa maior culpa do agente. Por possuir uma relação especial com a vítima, é sempre mais censurável a conduta deste agente, mas trata-se de uma censurabilidade que se reflecte apenas e só na culpa do agente. Por essa razão, não deverá haver comunicação da agravante[309].

---

[306] No Ac. do STJ de 27.11.91, comunicou-se a circunstância da co-autora do crime de violação ser mãe da vítima ao co-autor que havia praticado a cópula com a menor, beneficiando da coacção exercida pela progenitora, *BMJ*, 411, p. 303.

[307] Desde logo, porque todos os comparticipantes beneficiam objectivamente da existência de uma relação especial entre um deles e a vítima.

[308] Por exemplo, quando um pai ou mãe, descobrindo que a menor é abusada sexualmente, nada diz à polícia, recebendo dinheiro do abusador. O facto do crime ter vindo a ser praticado, e continuar a ser praticado, independentemente de espécie de influência decorrente da qualidade de mãe, revela que esta circunstância é irrelevante para a graduação da ilicitude do facto, ainda que a mesma possa vir a ser considerada autora ou co-autora por omissão. Podemos também configurar hipóteses em que a vítima desconheça a existência do parentesco, não tendo este qualquer influência no decurso dos factos.

[309] Com uma fundamentação substancialmente diferente, mas concluindo também no sentido da exclusão da comunicabilidade dos elementos pessoais que apenas digam respeito ao autor, e não ao facto, JESCHECK, ob.cit., vol. II, p.904.

A comunicação deverá afastar-se, por não estar preenchido o art. 28.º, devendo aplicar-se o art. 29.º, já que a circunstância em causa terá somente um conteúdo de culpabilidade[310].

5. O concurso de crimes

Resta-nos apenas, para terminarmos de percorrer o caminho sistemático da responsabilidade jurídico-penal, resolvermos algumas situações de concurso que sejam mais comuns ou prováveis de serem suscitadas pelas práticas pedófilas.

Dada a natureza destes crimes, e todas as circunstâncias envolventes, parecem-nos igualmente relevantes as situações de concurso entre os vários tipos de agressão sexual e entre estes e tipos penais que tutelem outros bens jurídicos.

De facto, não é raro que as crianças inseridas nos circuitos da pedofilia sejam mantidas em situações de prisão (ou mesmo escravatura), sofram maus-tratos ou acabem por ser assassinadas. Mais, quando falamos de redes de pedofilia ou de pornografia infantil estamos, na maioria das vezes, a falar de verdadeiras organizações criminosas, algumas com carácter internacional[311].

---

[310] Veja-se a contradição constante do Ac. da Relação do Porto de 06.03.91: *"A agravante do n.º 1 (do art. 177.º) é uma circunstância que, embora mista, diz mais respeito à ilicitude. Tal circunstância é comunicável ao co-autor do crime que conhecer os factos que a integram."*, CJ, ano XVI, tomo II, p. 287. Esta circunstância terá a mesma natureza mista que qualquer outro elemento do tipo, porquanto, para além da ilicitude, sempre terá que verificar-se a culpa do agente. E a culpa do agente, mais concretamente o seu dolo emocional, deverá abranger todas as circunstâncias relevantes da infracção. Mas no que diz respeito à comunicação, as circunstâncias não poderão assumir natureza mista e submeterem-se ao art. 28.º: se, para estarem verificadas se exige uma maior culpabilidade do agente, nunca serão comunicáveis aos restantes comparticipantes, já que o art. 29.º terá a última e decisiva palavra.

[311] Aliás, a internacionalização da prática organizada de crimes de pedofilia, associada peso da internet como veículo desta criminalidade, coloca importantes problemas de aplicação da lei penal no espaço, os quais, infelizmente, ultrapassam o âmbito deste estudo.

A. Concurso entre as várias modalidades de crimes contra a liberdade e autodeterminação sexuais

As situações de concurso mais comuns serão, contudo, as que se refiram à prática de diferentes modalidades de crimes contra a liberdade e autodeterminação sexual. Aliás, tomando em consideração a já referida dificuldade de delimitação típica entre as várias normas constantes deste capítulo do Código Penal, raro será não encontrarmos uma situação de concurso, pelo menos aparente.

Vimos que todas as incriminações relativas ao direito penal sexual tutelam, em primeira linha, a liberdade ou autodeterminação sexual. Mas existem várias formas de atentar contra este bem jurídico, consoante a intensidade da lesão ou o meio utilizado.

As formas mais graves estão previstas nos arts. 163.º n.º 1 e 164.º n.º 1 do Código Penal, e pressupõem o uso de meios violentos ou seriamente coercivos. Entre a coacção sexual e a violação difere somente a intensidade do acto sexual que é praticado contra a vontade da vítima. Por essa razão optámos por resolver as situações de concurso entre vários crimes de coacção sexual ou vários crimes de violação, e entre vários crimes de coacção sexual e violação de um modo global, como se de um verdadeiro concurso homogéneo de crimes se tratasse.[312]

Os critérios pelos quais nos guiámos não incidem tanto sobre a norma violada, mas sobre a forma como o agente terá lesado o bem jurídico comum a estes dois tipos penais.

a) A prática de agressões de intensidade progressiva;

Não será estranho que uma determinada agressão sexual implique que o agente toque corporalmente na vítima, e de forma sexual, mais do que uma vez. Na maior parte dos casos, estes "toques sexuais" serão progressivamente mais intensos, até que o autor alcance o objectivo pretendido pela prática do crime. Se cada um destes contactos com a vítima

---

[312] Concurso real homogéneo, naturalmente. Utilizando esta expressão, EDUARDO CORREIA, *A teoria do concurso em Direito Criminal: unidade e pluralidade de infracções*, Almedina, Coimbra, 1983, p. 21. Apesar de não estar sempre em causa, efectivamente, a violação da mesma norma, a relação de especialidade existente entre estes dois crimes permite-nos tratar estas situações de forma unitária.

constitui, pelo menos, um acto sexual de relevo, surge-nos o problema do concurso de crimes.

Em bom rigor, perante a prática de vários actos sexuais de relevo de forma sucessiva ou reiterada, ou destes de e de cópula ou coito, existem três vias possíveis de resolução: i) considerar cada acto isoladamente, em concurso real efectivo; ii) considerar que existe apenas um crime – unidade típica da acção; iii) partir do concurso real, mas aplicar o regime do crime continuado.

Mas estas três vias não podem ser encaradas como absolutamente opcionais, pelo contrário: a escolha de uma das soluções apontadas tem que ser orientada por critérios precisos, que sejam válidos para todos os casos idênticos. Dado que dedicamos um capítulo autónomo ao crime continuado, vamos abordar, neste momento, apenas a distinção entre as primeiras duas vias de resolução.

Estaremos perante um verdadeiro concurso real de crimes, procedendo-se ao cúmulo jurídico das várias penalidades, ou devemos remeter estas situações para o regime do concurso aparente de crimes, como exemplo de concurso real de crimes aparente ou impuro?[313]

Pressuposto do concurso de crimes (por oposição ao mero concurso de normas ou concurso aparente) é a existência de uma pluralidade de factos ou de acções. Se estivermos apenas perante uma acção unitária, cujas parcelas violem várias disposições legais ou várias vezes a mesma norma, o concurso será, por via de regra, aparente. Mas como determinar quando é que ocorre a unificação da acção?

Não podemos partir de um conceito fisiológico de acção humana, sob pena de nem sequer conseguirmos uma união de sentido que permita o enquadramento de tal comportamento num tipo penal[314].

Por isso a doutrina tem buscado a construção de um conceito de unidade típica da acção, procurando critérios que permitam incluir um conjunto de actos, divisíveis do ponto de vista físico, num determinado tipo penal, mediante uma valoração jurídica fundada na interpretação da própria

---

[313] Expressão de EDUARDO CORREIA, ob.cit., p. 27.

[314] *"O comportamento humano compõe-se de uma série continuada de acções e omissões"*, JESCHECK, ob.cit., vol. II, p. 995. Sem atribuirmos um significado global aos comportamentos humanos não seríamos sequer capazes de resolver o concurso de normas, e os resultados, ao nível do concurso efectivo seriam desastrosos.

norma. É na identificação dos critérios que surgem as maiores divergências, entre concepções naturalísticas, finais e normativas de unidade da acção[315].

Quanto a nós, pensamos que se a valoração indicada pelo tipo penal deve ser o ponto de partida, não é possível prescindir do recurso à unidade social de sentido ou imagem global do facto, procurando a necessária adequação social do mesmo à finalidade pretendida.

Independentemente do critério adoptado, a esmagadora maioria da doutrina concebe como exemplos de unidade típica da acção em sentido amplo os mesmos géneros de crimes, diferindo apenas nas designações: tipos reiterados[316] ou tipos progressivos[317], consoante os autores.

---

[315] Segundo JESCHECK, a jurisprudência dominante funda a unidade da acção na concepção natural da vida: uma pluralidade de parcelas que constituem o decurso de um facto formarão uma unidade quando forem conduzidas por uma resolução criminosa unitária e estejam em conexão espacio-temporal estreita (um observador imparcial veria o facto como uma unidade). O autor recusa, contudo, esta doutrina: *"Nem existem unidades sociais de acção que precedam o direito e possam subsumir-se, sem mais, nos tipos penais, nem pode ser decisiva a unidade do ponto de vista do plano do agente..."* Assim, a distinção terá que partir do sentido dos tipos penais, mediante interpretação, em cada caso, ob.cit., vol. II, pp. 996 e 997. WELZEL, ao referir-se ao conceito de unidade típica da acção, aponta dois factores, o final (o conjunto de actos físicos que está ligado por uma unidade de sentido, decorrente de uma mesma acção final, com base no plano do agente), e normativo (conjunto de actos ou movimentos corporais que constituam uma só acção por causa do sentido ou imagem social do mesmo, expresso no tipo penal), *Das Deutsche Strafrecht....*, pp. 308 e ss., citado por JOSÉ ANTONIO CHOCLÁN MONTALVO, *El delito continuado*, Marcial Pons, Madrid, 1997, p. 119. Para CHOCLÁN MONTALVO a unidade de acção típica ocorrerá quando vários actos são unificados como objecto de uma única valoração jurídica pelo tipo penal, *idem*, p. 119. Para WESSELS haverá uma única acção em sentido jurídico quando o tipo legal reúna numa unidade valorativa jurídico-social, várias actuações naturais da vontade, ob.cit., p. 229; Para JAKOBS a unidade jurídica da acção é uma ampliação da unidade natural da acção, que terá de ser conforme aos objectivos da incriminação (esta unidade não poderá basear-se apenas na motivação do autor, pois trata-se de uma valoração social de um comportamento individual, pelo que deverá ser objectivamente perceptível) ob.cit., pp. 1074 a 1077. Também CAVALEIRO FERREIRA encontra nos tipos penais a fonte da unidade jurídica da acção: *"...tal impunidade não se encontra estabelecida na lei de maneira geral (...) mas deriva da natureza das disposições que prevêem os dois factos e da conexão entre estes."*, *Direito Penal*, vol. I, Faculdade de Direito da Universidade de Lisboa, 1962; p. 381. Não devendo ser decisivo o plano do agente, entendemos não ser possível recorrer apenas à interpretação do tipo penal sem a mediação da imagem social do facto, ou pelo menos, sem atender à necessária estruturação global de determinados factos para que possam atingir uma determinada finalidade.

[316] CAVALEIRO FERREIRA fala em crimes de execução reiterada, *Direito Penal...*, cit., pp. 397 e ss.; JESCHECK refere-se à *"realização repetida do mesmo tipo num curto espaço de tempo"*, ob.cit., vol. II, p.998; no mesmo sentido, WESSELS, ob.cit., p. 230.

[317] Já CHOCLÁN MONTALVO, seguindo JAKOBS (ob.cit., p. 1079), prefere falar de tipos de realização progressiva, ou de intensidade quantitativa, ob.cit., pp. 278 e ss.

Haverá, portanto, unidade típica da acção em sentido amplo quando uma conduta criminosa viole, de forma sucessiva ou reiterada, num curto espaço de tempo, a mesma norma jurídico-penal.[318] O exemplo mais citado é o das ofensas à integridade física[319], já que o agente pode não se limitar a dar uma bofetada, mas várias, ou uma bofetada e um murro. Em qualquer dos casos, terá apenas praticado um crime de ofensas, e não tantos quantos os contactos corporais com a vítima.

São requisitos da valoração unitária da acção os seguintes:

a) homogeneidade dos actos parcelares do agente – este primeiro requisito, mencionado por WESSELS[320] não o é para a restante doutrina, que prefere exigir a homogeneidade do ilícito constante da cada parcela.[321];

b) realização sucessiva ou reiterada dos actos parcelares – podemos estar perante a execução repetida do mesmo acto, a realização sucessiva de actos de intensidade crescente, ou a execução de actos numa sucessão decrescente[322];

c) na mesma ocasião espacio-temporal – é essencial que a repetição delitiva ocorra num curto espaço de tempo, e, no tocante aos crimes sexuais, sob a mesma situação de violência ou intimidação[323];

d) no âmbito de uma unidade motivacional – não se trata de uma remissão para o plano do agente, mas da exigência de que entre a execução dos vários actos supostamente parcelares não se verifique uma renovação da resolução criminosa[324].

---

[318] Entre outros, JESCHECK, ob.cit., vol. II, p.998; JAKOBS, ob.cit., p. 1079; WESSELS ob.cit., p. 230; CAVALEIRO FERREIRA, *Direito Penal...*, cit., p. 393.

[319] WESSELS, ob.cit., p. 230.

[320] *"Várias actividades homogéneas formam uma unidade de acção se se baseiam numa decisão unitária de vontade e se realizam reiteradamente, numa sucessão ininterrupta, o mesmo tipo penal..."*, WESSELS, ob.cit., p. 230.

[321] Para JAKOBS, no caso de uma sucessão muito próxima dos actos, vinculados à mesma unidade subjectiva, não é necessário exigir também a homogeneidade dos actos singulares, ob.cit., p. 1079; também JESCHECK apenas exige que a agravação do ilícito seja idêntica ou de variação quantitativa, ob.cit., vol. II. P. 989.

[322] Segundo a terminologia adoptada por EDUARDO CORREIA, quando a intensidade for decrescente, será um crime progressivo in extenso, ob.cit., p. 27.

[323] CHOCLÁN MONTALVO, ob.cit., p. 287.

[324] Para alguma jurisprudência espanhola deverá exigir-se que os vários actos sexuais correspondam ao mesmo furor erótico, CHOCLÁN MONTALVO, ob.cit., p. 287. Entendemos

Tratando-se de bens jurídico pessoais, como é o caso da liberdade sexual, só se manterá a unidade típica da acção quando existir identidade, quer quanto ao agente quer quanto à vítima, na execução sucessiva dos actos sexuais. O que quer dizer que esta figura apenas terá aplicação, nos crimes sexuais, quando os vários actos forem praticados pelo mesmo autor contra a mesma vítima[325].

Os casos mais flagrantes que se integram nesta categoria de crimes progressivos são aqueles em que a obtenção da finalidade criminosa é conseguida mediante uma intensificação quantitativa do ataque ao bem jurídico. Por exemplo, é o que acontece quando o homicídio consiste de uma sucessão de ofensas à integridade física cada vez mais graves.

Mesmo no âmbito de um só crime de ofensas físicas, o facto de existirem vários actos agressivos parcelares não retira unidade à acção. Da mesma forma, a consumação de uma violação terá que envolver, quase necessariamente, algum acto sexual relevante anterior. No entanto, esta unidade é por vezes negada no que diz respeito aos crimes sexuais. Porquê?

Podem ser apontados vários argumentos contra o tratamento unitário de uma agressão sexual[326]. O argumento de que a natureza pessoal do bem jurídico o impede será, de todos, o mais fraco[327]. Isto porque a unidade da acção é afirmada em vários outros crimes contra bens jurídicos pessoais (vida, integridade física, honra), e porque o mesmo tipo de argumentação foi já ultrapassado no que concerne ao crime continuado.

---

que os tipos relativos às agressões sexuais não carecem, para a sua verificação, de elementos subjectivos especiais. Por essa razão, não podemos aceitar uma total correspondência entre o dolo unitário, que é de exigir, e o furor erótico. A existência de execução da mesma resolução criminosa terá que retirar-se, caso a caso, da própria forma de execução e da necessária adequação da sucessão de actos ao significado global da conduta.

[325] Neste sentido, JAKOBS, ob.cit., p. 1083; CHOCLÁN MONTALVO, ob.cit., p. 123.

[326] Sobre esta matéria, em especial quanto aos crimes sexuais, ver CHOCLÁN MONTALVO, ob.cit., pp. 278 e segs.

[327] CAVALEIRO FERREIRA expressamente exclui da categoria dos crimes de execução reiterada aqueles que violem bens jurídicos pessoais, mas no exemplo apontado pelo autor – dois homicídios seguidos – o problema não reside na natureza do bem jurídico, mas no facto de existirem dois titulares distintos, *Direito Penal...*, cit., p. 393. A diversidade de titulares é, efectivamente, um limite à aplicação desta categoria aos crimes contra as pessoas, por causa da natureza do bem jurídico. A prova de que não é natureza do bem jurídico, por si mesma, que impede a unificação típica da acção, está na aceitação pacífica de que o homicídio consumado obsta à punição da tentativa, sobre isto ver, por todos, GERMANO MARQUES DA SILVA, *Direito Penal Português, Parte Geral, Introdução e Teoria da Lei Penal*, vol. I, Verbo, 1997, p. 318.

Outro dos argumentos utilizados invocava a existência de vários sujeitos activos como impeditiva da unificação típica da acção. Este será, de facto, um limite a tal unificação: se são vários os agentes a praticar um conjunto de actos sexuais contra a vontade da vítima, sucessivamente, ou apenas um agente contra várias vítimas será de aplicar o concurso real de crimes.

Mas, e quando se trate da prática de actos sexuais de relevo seguida de cópula ou coito, executada pelo mesmo agente sobre a mesma vítima, na mesma ocasião e num curto espaço de tempo, sob a mesma situação de violência a intimidação e no âmbito da mesma resolução criminosa? Ou seja, queremos saber como tratar a prática sucessiva de crimes de coacção sexual e violação, por esta ordem.

Podemos distinguir, entre as vozes contrárias à unificação, argumentos de natureza vitimológica e de natureza legal[328]. Quanto aos primeiros dir-se-á, que não são específicos dos crimes sexuais[329]. Tão censurado deverá ser, numa perspectiva relativa, o agente que agrida repetidamente uma pessoa, e o agente que, repetidamente, constranja uma pessoa à prática de actos sexuais[330].

Como indicámos atrás, o primeiro requisito da unidade típica da acção em sentido amplo exige que entre os vários actos parcelares haja uma homogeneidade, não de execução, mas de valoração jurídica, ou seja, que nenhum deles assuma um desvalor substancialmente e qualitativamente diferente dos restantes. Para JESCHECK[331], este requisito reconduz-se à exigência de uma ilicitude unitária da acção, e JAKOBS dá como

---

[328] Antes da revisão de 1995, a nossa jurisprudência entendia que os bens jurídicos tutelados pelo crime de violação e atentado ao pudor com violência eram distintos, pelo que sempre haveria concurso real. Este entendimento não é hoje sequer legalmente possível, assim, MOURAZ LOPES, ob.cit., p. 40.

[329] Não sendo as vítimas de crimes sexuais mais vítimas do que aqueles que sofrem atentados contra a sua integridade física ou vida, só podemos encontrar aqui um apego demasiado a uma concepção corporal, por um lado, e moral, por outro, desta criminalidade. A mulher aparece então como a vítima predestinada da violação (o que não deixa de ser verdade), e a sua integridade sexual como o bem que mais vigorosamente deverá ser protegido, por ela e pelos outros, dos apetites proibidos. Mais, a desonra sexual da mulher será, nesta perspectiva, a sua pior desgraça. E cada acto sexual individualmente concebido, uma tortura a que nenhuma mulher decente deveria alguma vez ser exposta, constituindo, portanto, um mal em si mesmo.

[330] Sendo notório que, numa perspectiva absoluta, será mais grave a agressão sexual, o que se revela nas diferentes medidas da pena.

[331] Ob.cit., p. 998.

exemplo de conteúdo homogéneo de ilícito precisamente uma situação de coacção sexual.[332]

Mas para aquela doutrina que nega a unidade típica da acção, este requisito nunca estaria preenchido nos delitos sexuais. Afirmar-se que na prática de vários actos sexuais de relevo existe sempre um desvalor autónomo integrado em cada acto corresponde ao entendimento de que cada um destes actos consome, isoladamente, toda a censura constante do ilícito típico, o que equivale a dizer que cada um destes actos lesa de modo absoluto o bem jurídico liberdade sexual. Este bem jurídico não seria, portanto, passível de agressões progressivas[333].

O segundo argumento parte da ideia de que os tipos legais de violação e coacção sexual não pressupõem, nem admitem, a unificação típica da acção[334]. Esta doutrina tem como ponto de apoio uma leitura literal das normas incriminadoras, já que estas se referem à prática de acto sexual de relevo, e não de actos sexuais. Por essa razão, a prática de vários actos sexuais implicaria sempre um concurso real de crimes.

Mas é precisamente porque um acto parcelar pode, de imediato, alcançar a verificação do tipo, que se fala em unidade típica da acção em sentido amplo[335]. Se fossem necessários vários actos sexuais para a consumação dos crimes em análise, esta questão não se suscitaria da mesma

---

[332] *"...é indiferente que o autor de um crime de coacção sexual se dê por satisfeito sempre com a repetição da mesma acção sexual ou que leve a cabo variações imaginativas..."*, ob.cit., p. 1079.

[333] Este entendimento de que será incompatível com a própria existência de tipos simples e qualificados que se fundamentam apenas na intensidade da lesão da liberdade da vítima, por exemplo, os arts. 163.º e 164.º. Sobre esta questão ver ainda, para além dos autores citados, Ramón García Albero, *"Non bis in idem" material y concurso de leyes penais*, Cedecs Editorial, Barcelona, 1995, pp. 122 e ss. Segundo o mesmo, a maioria da doutrina espanhola afasta, em relação aos crimes sexuais, a unidade típica da acção, idem, p. 125, nota 11.

[334] Veja-se, por exemplo, o Acórdão do Supremo Tribunal de Justiça de 28.04.99 *"...a nova tipificação de tal ilícito, ao prever simultaneamente a cópula, o coito anal e o coito oral, não significa que daí resulte uma «unicidade de actos típicos», reconduzíveis a um único tipo legal, ficando excluído o tipo plural."*, CJ/STS, tomo II, 1999, p. 199.

[335] Por oposição à unidade típica da acção em sentido estrito, que abrange os crimes complexos e permanentes, e todos aqueles cuja verificação pressuponha necessariamente uma pluralidade de acções.

forma. Também JESCHECK[336] afasta claramente a eficácia deste impedimento.

E nem se pode argumentar no sentido da natureza da agressão sexual ser contrária à unificação típica da acção. Aliás, nalguns casos terá mesmo que se afirmar o inverso, ou seja, fará parte natural de uma agressão sexual, a repetição ou intensificação dos actos.

Dissemos atrás que não seria possível, para determinar a existência de unidade ou pluralidade da acção, prescindir da mediação de critérios de índole sociológica. Não basta que se requeira um conjunto de pressupostos objectivos, ou que se tome em consideração a resolução criminosa (critério subjectivo). É necessário que se faça também uma valoração social do sentido daquele concreto agir. Tal valoração terá que reportar-se ao agir normal do homem comum, se colocado numa situação idêntica.

E é claro que deveremos utilizar como padrão a normalidade, e nunca as situações patológicas que se inserem nos tipos penais. Uma relação sexual normal, isto é, não forçada, consistirá comummente de um só acto sexual, seja ele de cópula ou não? É socialmente adequado que uma relação sexual se esgote na execução de um só acto sexual? As respostas são, obviamente, negativas.

Dizer-se que existe sempre concurso real entre os crimes de coacção sexual e violação é ignorar que o decorrer natural de uma relação sexual implica uma sequência de actos, cada um deles podendo colocar em causa, isoladamente e num contexto coercivo, a liberdade sexual. Negar a unidade típica da acção, será exigir que o agente destes crimes consiga algo que não é socialmente visto como adequado ou normal. Retira-se assim, ao seu comportamento, o sentido que lhe seria dado pela colectividade – o de uma relação sexual, com a particularidade de ter sido obtida pela força.

No nosso entender, a prática de actos sexuais de relevo antes, durante, ou mesmo depois da cópula (ou coito), enquadra-se perfeitamente

---

[336] O autor aponta dois exemplos de unidade da acção em sentido amplo: nalguns casos a valoração unitária consta expressamente do tipo, como acontece, no direito alemão, com as acções sexuais; outros tipos, embora nada digam, admitem-no pela sua natureza, fazendo o autor referência ao crime de injúrias, ob.cit., vol. II, p. 998

nas categorias dos factos anteriores[337], concomitantes ou posteriores não puníveis[338].

A generalidade da doutrina nega também o recurso ao concurso real de crimes quando os actos sexuais de relevo consistam de actos preparatórios do crime de violação[339]. Mas a impunidade não é sempre aceite pois a maioria destes autores exige que os actos sexuais que antecedam ou acompanhem a violação não assumam um desvalor autónomo desta[340]. Mouraz Lopes entende que estes serão casos de consumpção impura, podendo nalguns casos não ocorrer, em concreto, a coincidência de valoração que esta figura exige[341].

Não conseguimos compreender este suposto requisito adicional, no que diz respeito aos crimes sexuais, para que se verifique a unidade típica da acção. Quando é que um acto sexual de relevo anterior à cópula assume um desvalor autónomo desta? Em todas as situações que conseguimos imaginar, a exclusão da consumpção ocorre por não se verificar um dos requisitos gerais da unidade típica.

---

[337] Aplicam-se aqui, na íntegra, as palavras de Cavaleiro Ferreira sobre a impunidade do facto anterior: *"É preciso que o meio adoptado seja pressuposto tacitamente pelo legislador como meio normal de perpetração do segundo crime, de maneira que a sua repressão se possa considerar compreendida no espírito da disposição penal que prevê e pune o segundo crime"*, Direito Penal..., cit., pág. 382.

[338] Aliás, Eduardo Correia, citando SPIEZIA, dá como exemplo de crime progressivo in extenso, a violência carnal seguida de posteriores actos de libido, não devendo estes últimos ser punidos, ob.cit., p. 27, nota 2.

[339] Assim Figueiredo Dias, Comentário..., cit., p. 458; Mouraz Lopes, ob.cit., p. 42; Reis Alves, ob.cit., pp. 15 e ss.; Berenguer, ob.cit., p. 927; Choclán Montalvo, ob.cit., pp. 278 e ss.

[340] Para Figueiredo Dias tal ocorre quando os actos sexuais não são parte integrante do processo que conduz à cópula ou coito, Comentário..., cit., p. 458. No mesmo sentido, veja-se o Ac. STJ de 14.1093: *"...serão consumidos pelo crime de violação os actos necessários à sua prática, mesmo quando possam ser considerados como correspondentes a crimes de atentado ao pudor. Porém, tais casos passarão a constituir a comissão de crime autónomo de atentado ao pudor quando não tenham qualquer relação com o de violação ou se mostrem desnecessários para a sua normal consumação."*, BMJ, 430, p. 259. Para Berenguer, quando violação abrange a prática de outros actos sexuais, tais como beijos, carícias, e apalpões antes, durante ou após a cópula, regra geral não serão punidos em virtude do princípio da consumpção. No entanto, o autor aponta como excepção a introdução de objectos (antes, durante ou após a violação) que dará origem ao concurso real, ob.cit., p. 927.

[341] Mouraz Lopes, ob.cit., pp. 41 e 42.

É o que acontece quando o agente ou a vítima não sejam os mesmos, ou quando o acto sexual não se integre no processo de violação, caso em que lhe falta quer a unidade espacio-temporal estrita, quer a unidade de resolução criminosa. Fora destes casos, a constatação de que o acto sexual assume um desvalor autónomo, não se baseia em critérios objectivos, pelo que não deverá ser aceite[342].

Importante é que estejam verificados os requisitos genericamente apontados pela doutrina para que ocorra a unidade típica da acção, em sentido amplo, nos crimes que lesem bens jurídicos pessoais. Terá que haver unidade objectiva da acção, isto é, os actos parcelares devem ser praticados num curto espaço de tempo, na mesma ocasião e de forma imediata, seguida e reiterada.

Por outro lado, estando em causa tipos que impliquem violência ou intimidação, torna-se necessário que a acção do agente, para que seja unitária, decorra sob uma única, ainda que contínua, atmosfera coactiva. Terá que haver também unidade subjectiva, devendo exigir-se que os actos parcelares se enquadrem numa única resolução criminosa, excluindo-se os casos em que esta, ainda que sucessivamente, se renove[343].

Por fim, deve ainda exigir-se a unidade valorativa ou normativo-social. Para que haja unidade valorativa tem que existir uma ilicitude homogénea dos vários actos parcelares. Tal não implica que tenha que ser violada sempre a mesma norma, basta que esteja sempre em causa o mesmo tipo de ilícito penal, ou seja, que o bem ou interesse jurídico lesionado seja idêntico para toda a acção criminosa[344].

---

[342] Apenas poderá estar em causa a gravidade presumida do acto em questão, presumindo-se que a introdução de objectos, pela sua gravidade, terá lesado a vítima de forma mais intensa do que várias carícias ou beijos, e fundando assim a punição em concurso real. Esta solução tem, desde logo, o inconveniente de, ou não corresponder, nalguns casos, a uma lesão efectivamente mais grave da liberdade sexual, ou fazer depender a punição da avaliação íntima e subjectiva de cada vítima.

[343] Concordamos assim com BERENGUER quando entende que só se os contactos sexuais posteriores à cópula forem realizados após algum tempo e consistam do início de nova agressão, e que haverá concurso real, ob.cit., p. 927.

[344] CAVALEIRO FERREIRA refere-se a identidade de interesse jurídico, para abranger precisamente diferentes tipos penais que tutelam fundamentalmente o mesmo bem essencial, dando como exemplo o crime de furto e o crime de introdução em casa alheia, *Direito Penal...*, cit., p. 382.

É também necessário, para a homogeneidade do ilícito, que os actos abrangidos pela consumpção não sejam, em si, mais graves do que aquele que os deverá absorver. Este requisito resultaria sempre, aliás, do próprio mecanismo em análise, já que havendo unidade típica da acção, o agente é responsabilizado pelo crime correspondente à parcela mais gravosa[345]. Por estarmos perante bens jurídicos pessoais, a doutrina exige ainda, e bem, que os actos parcelares sejam levados a cabo sempre pelo mesmo agente contra a mesma vítima[346].

Embora a tendência da jurisprudência vá no sentido de punir a prática de vários actos sexuais de relevo (havendo cópula ou várias cópulas), na mesma ocasião e na mesma vítima, em concurso real de infracções, veja-se esta decisão inédita do Supremo tribunal de Justiça, a propósito da prática de vários actos sexuais de relevo (inclusivamente um acto que seria qualificável, face à redacção do CP de 1982 como acto análogo à cópula), na mesma ocasião, com uma menor de 9 anos: *"De acordo com uma longa tradição jurisprudencial, deve entender-se que, embora se trate de violações múltiplas de direitos fundamentais de uma mesma ofendida, verifica-se a prática de um só crime, consubstanciado pela comissão de um conjunto, complexo e prolongado no tempo, de actos destinados a satisfazer a licenciosidade do pedófilo, que deve ser punido como uma unidade, como abuso sexual de pessoa incapaz de resistência."*[347]

b) A prática reiterada e sucessiva da mesma agressão

Se é pacífica na doutrina a aceitação da consumpção entre os crimes de coacção sexual e violação, é também uniforme a constatação de

---

[345] Por todos, JESCHECK, ob.cit., p. 1084.

[346] Entre outros, CAVALEIRO FERREIRA, *Direito Penal*..., cit., p. 382; FIGUEIREDO DIAS, *Comentário*..., cit., p. 458; MOURAZ LOPES, ob.cit., p. 42; BERENGUER, ob.cit., p. 927; GARCÍA ALBERO, ob.cit., p. 125.

[347] Ac. do STJ de 30.01.97, disponível em www.pgr.pt – discordamos, contudo, da qualificação do crime como de abuso sexual de pessoa incapaz de resistência. De forma semelhante, mas quanto aos crimes de exibicionismo e pornografia, o Ac. do STJ de 20.06.02, disponível apenas em www.pgr.pt, considerou existir um só crime (em relação a cada vítima), previsto nas alínea a) e b) do art. 172.º, quando o agente praticou, na mesma ocasião e perante as mesmas vítimas, crime de actuação sobre menor de 14 com filme pornográfico seguido de crime exibicionismo perante menor, por não ter existido renovação da decisão criminosa.

que, quando o concurso seja entre vários actos de relevo ou várias cópulas, terá que haver concurso efectivo.[348] Dois obstáculos podem ser erigidos contra a unidade típica da acção nestes casos.

Por um lado, não era raro afirmar-se que a prática de várias cópulas ou coitos implicava sempre a renovação da decisão criminosa. A este entendimento estava subjacente uma visão exclusivamente corporal dos crimes e o facto de existir uma coincidência total entre autoria e contacto corporal com a vítima ou satisfação da libido[349].

Os actuais tipos de agressão sexual não obrigam a que exista um contacto carnal entre autor e vítima, pelo que também já não faz sentido exigir-se que o primeiro vise a satisfação de instintos sexuais. Tornou-se, portanto, impossível estabelecer uma relação constante entre várias cópulas e várias resoluções criminosas.

Mas ainda que assim não fosse, pensamos que uma tal relação nunca seria imposta, nem pelas ciências naturais, nem pelos tipos penais[350]. Nada nos diz que o facto de o autor não se limitar a restringir a liberdade sexual em apenas um acto ou sempre através do mesmo acto homogéneo

---

[348] FIGUEIREDO DIAS, *Comentário...*, cit., pp. 458 e 474; MOURAZ LOPES, ob.cit., p. 41; BERENGUER, ob.cit., p. 927.

[349] Assim entendia o Supremo Tribunal Espanhol, como se vê por esta passagem: *"Cada acesso carnal forzado, cada violación, es una infracción única e perfecta que precisa de um dolo intencional nuevo"*, CHOCLÁN MONTALVO, ob.cit., p. 281. Reflexo deste entendimento é também a seguinte decisão do Supremo Tribunal de Justiça de 17.06.92: *"Comete, em acumulação real, os crimes de violação e atentado ao pudor quem, pela violência, mantém cópula com a ofendida e, depois, nas mesmas circunstâncias, a obriga a coito anal ou bucal"*, CJ, 1992, tomo III, p. 44; idem, Ac. STJ de 14.1093, BMJ, 430, p. 259; considerando que duas penetrações seguidas de tentativa de outra penetração corresponderão a um concurso real entre dois crimes de violação e um de tentativa de violação, veja-se o Ac. STJ 10.01.96, BMJ, 453, 157.

[350] Veja-se que para a consumação da violação, em qualquer das modalidades, não é exigida a *emissio seminis*: *"A noção de cópula, para efeitos do art. 201.º n.º 1 do CP (em que a ofendida é mulher com idade superior a 12 anos) significa introdução do membro viril na vagina, completa ou incompletamente, quer haja ou não emissio seminis"*, Ac. do STJ de 21.04.93, BMJ, 426, p. 235. No limite, poderiam contabilizar-se as vezes em que ocorreu esta introdução, obtendo-se assim o número de crimes. Relembramos aqui as palavras de JAKOBS, quando pretende que a existência de um ou vários crimes não pode ficar dependente da existência do facto do autor, ao invés de ficar satisfeito com a repetição da mesma cação sexual levar a cabo variações imaginativas, ob.cit., p. 1079 (ver supra p. 102, nota 313).

terá que corresponder à renovação da resolução criminosa. A existência de uma nova decisão criminosa terá que ser apurada em cada caso concreto, atendendo às circunstâncias[351].

É também invocado, por alguns autores, o argumento por nós designado de vitimológico, já que fundamenta a existência de concurso real na protecção da vítima. Segundo este, admitindo-se a unidade típica da acção nos crimes sexuais, ficariam impunes alguns casos verdadeiramente chocantes de violações plúrimas de tipos legais de crimes pelo mesmo agente[352].

Com base na constatação, verdadeira, de que para a vítima será sempre mais gravosa a prática de coito oral seguida de cópula, do que a prática apenas de coito oral ou só de cópula, afasta a doutrina, sempre, o mecanismo da consumpção.

Não negamos a justeza dos objectivos, apenas pensamos que estas diferenças quantitativas de ilicitude, no âmbito de um ilícito típico homogéneo, devem ser reflectidas somente na graduação da medida da pena, sem que seja necessário ficcionar-se a existência de vários crimes autónomos[353].

Concluímos, portanto, que os critérios descritos no capítulo anterior serão os determinantes para a existência de um ou vários crimes sexuais, independentemente do tipo de acto sexual que esteja em causa[354].

---

[351] Por exemplo, no Acórdão do Supremo Tribunal de Justiça de 28.04.99 a opção pelo concurso real apresenta uma fundamentação, do nosso ponto de vista, correcta face à teoria da unidade típica *amplo sensu*: *"Verifica-se concurso real entre os crimes de violação e de coacção sexual, ainda que a ofendida seja a mesma, quando existe autonomia de resoluções criminosas e o segundo crime, integrado pelo coito oral, é independente do processo que conduziu às cópulas do primeiro ilícito"*, CJSTJ, 1999, tomo II, p. 199. O Ac. faz ainda referência à integração do coito oral no crime de violação, concluindo que a solução seria a mesma: *"...a nova tipificação de tal ilícito, ao prever simultaneamente a cópula, o coito anal e o coito oral, não significa que daí resulte uma «unicidade de actos típicos», reconduzíveis a um único tipo legal, ficando excluído o tipo plural."*

[352] MOURAZ LOPES, ob.cit. P. 41.

[353] Assim o permite a moldura legal aplicável, a qual possui uma amplitude considerável: 3 a 10 anos de prisão. Se, de facto, existirem vários crimes de violação, ainda que sejam praticados pelo mesmo agente contra a mesma vítima na mesma ocasião, por falhar um dos outros requisitos, então nada temos a opor à solução do concurso real efectivo de crimes.

[354] No mesmo sentido, CHOCLÁN MONTALVO, ob.cit., p. 291. Este autor cita ainda alguma jurisprudência do Supremo Tribunal espanhol que considera haver um só crime

c) Conclusões para o abuso sexual de crianças

Em princípio, tudo o que dissemos atrás valerá, com as devidas adaptações, para o crime de abuso sexual de crianças previsto nos n.ᵒˢ 1 e 2 do art. 172.º do Código Penal[355].

Uma correcção afigura-se, contudo, necessária. Dado que o abuso sexual de crianças não deverá pressupor nenhuma situação de coacção ou violência, teremos que concretizar de outro modo a unidade objectiva da acção. Se não há lugar à exigência de uma mesma situação de intimidação para que a acção se caracterize como unitária, este espaço não se quedará vazio.

Quando definimos abuso sexual, dissemos que este pressupunha sempre o aproveitamento de uma situação de superioridade ou domínio. Deverá exigir-se então, para além de todos os restantes requisitos, que os actos sexuais levados a cabo pelo agente sejam o resultado de uma mesma situação de aproveitamento. O que acontecerá, por via de regra, quando os actos sexuais sejam praticados na mesma ocasião, de forma imediata e num curto espaço de tempo, a não ser que concorram circunstâncias extraordinárias[356].

Também no que diz respeito aos crimes de exibicionismo, pornografia e pedopornografia se poderão configurar casos de unidade típica da acção em sentido amplo, desde que verificados os seus pressupostos[357].

---

apesar de se terem produzido várias penetrações, por exemplo a sentença do STS de 04.03.1993, *idem*, p. 290.

[355] No mesmo sentido CHOCLÁN MONTALVO, ob.cit., p. 296.

[356] Neste sentido, veja-se a decisão judicial citada por JESCHECK: *"Várias acções sexuais realizadas perante ou numa criança na mesma ocasião serão uma acção unitária"*, BGH, 1, 168, p. 170, ob.cit., vol. II, p. 996.

[357] Assim, aquele que, na mesma ocasião e lugar e sob a mesma resolução criminosa, exibe perante a mesma vítima os órgãos genitais, masturbando-se em seguida, não pratica dois crimes de exibicionismo em concurso real, mas apenas uma infracção. Também aquele que produz material pedopornográfico, cedendo-o em seguida, deverá ser responsável apenas pela primeira infracção, como produtor, sendo o segundo um mero acto de aproveitamento do crime, não punível.

d) *Abuso sexual e exibicionismo, pornografia ou pedopornografia*

Não será raro que no âmbito de uma situação de coacção ou abuso sexual de menores surja a prática de alguns dos crimes previstos no n.º 3 do art. 172.º do Código Penal. Será bastante comum que a prática de actos de exibicionismo perante o menor, ou a exibição de pornografia, constituam actos preparatórios ou façam parte integrante do processo de abuso sexual do mesmo.

Ainda mais provável, tratando-se de circuitos ou redes de pedofilia, é que os actos sexuais praticados com os menores sejam filmados para posterior reprodução ou comercialização.

No primeiro caso, em relação aos tipos previstos nas alíneas a) e b) do n.º 3 do art. 172.º, haverá mero concurso de normas sempre que os actos do agente sejam parte integrante do processo de convencimento do menor, ou aproveitamento da sua vulnerabilidade, para a posterior prática de actos sexuais com este, quer haja consumação ou não do abuso sexual.

Tal só não deverá acontecer se estivermos perante actos praticados em ocasiões diversas, com fundamento em diferentes resoluções criminosas[358], ou seja, se não possamos reconduzir os vários actos do agente a uma acção unitária.

No que respeita à produção de pedopornografia, os casos mais complicados serão aqueles em que o agente pratica, simultaneamente, um crime de abuso sexual (coacção ou violação) de menor e o crime previsto na alínea c) do n.º 3 do art. 172.º A produção, exibição ou venda, de material pedopornográfico assumirá sempre um desvalor autónomo face a outras eventuais condutas anteriores ou posteriores do agente[359], pelo que é irrelevante saber-se aquele que difunde imagens pornográficas com crianças foi também quem as abusou sexualmente – nestes casos haverá sempre concurso efectivo de crimes.

---

[358] No mesmo sentido, FIGUEIREDO DIAS, *Comentário...*, cit., p. 551.

[359] Desvalor que tem origem na invalidade do consentimento do menor quando esteja em causa a sua utilização em material pornográfico. É o facto de toda e qualquer actividade associada à pedopornografia se estruturar num consentimento viciado que fundamenta, em parte, a sua punição. Assim, para além da liberdade sexual do menor, que foi lesada aquando da produção do material, a reprodução, exibição ou exposição deste irá sempre constituir de um ataque à livre disposição da sua imagem.

As dúvidas surgem quando um agente que pratica um abuso sexual de menores procede simultaneamente a uma gravação, auditiva ou visual, do primeiro crime, sem que depois venha a ceder, difundir ou exibir o material obtido.

Esta conduta insere-se perfeitamente na descrição legal da alínea c) do n.º 3 do art. 172.º, pois o agente estará a utilizar um menor numa gravação pornográfica. O mesmo problema surge quando o agente que procede à gravação seja cúmplice do crime de abuso sexual.

Parece-nos, contudo, que nem sempre deverá ocorrer um concurso efectivo de crimes. Na primeira situação, a destrinça entre concurso aparente ou efectivo poderá ser encontrada na *ratio* da incriminação da pedopornografia. E os fundamentos desta punição são dois: prevenção e repressão da pedofilia e tutela da livre disposição da imagem do menor.

Dissemos que esta incriminação implicaria sempre a lesão da liberdade sexual do menor, por pressupor um abuso, pelo que existirá uma coincidência parcial entre a conduta descrita no art. 172.º e a relativa à utilização do menor em gravação pornográfica[360]. Cumpre saber, portanto, se a gravação da actividade sexual poderá constituir um facto concomitante não punível.

Para que ocorra a consumpção é necessário que o bem ou interesse jurídico lesado seja o mesmo. À primeira vista será, se apenas dermos relevância à liberdade para o exercício da sexualidade. Sendo assim haveria sempre mero concurso de normas.

Se, pelo contrário, entendermos que a produção de material pedopornográfico (que poderá ser posteriormente comercializado ou meramente utilizado ou cedido) por envolver uma utilização abusiva da imagem do menor, lhe causará sempre um dano autónomo, já teremos que afirmar a existência de concurso real efectivo.

Pensamos que a resposta está numa solução intermédia e numa análise em concreto para cada caso. Por um lado, a consumpção deixa sem tutela penal a conduta do agente que, para além de abusar sexualmente do menor, obtém desta actividade um conjunto de material pedopornográfico que poderá depois ser amplamente difundido, podendo mesmo retirar daí vantagens económicas.

---

[360] E bastará uma identidade parcial entre as condutas, para que se possa afirmara existência de uma só acção típica, assim CAVALEIRO FERREIRA, *Direito Penal...*, cit., p.368.

Por outro lado, não podemos exigir, para que haja concurso efectivo, que o agente tenha intenção de ceder, exibir ou vender as gravações obtidas, já que a lei não faz tal exigência para a verificação do tipo.

No entanto, sabemos que a punição em concurso efectivo tem como limite o princípio da culpa.[361] Por essa razão entendemos que o agente que abusar sexual de um menor e proceda à gravação do acto, agindo de forma unitária, se nunca utilizar nem difundir estas gravações poderá ser, excepcionalmente punido somente pelo crime mais gravoso.[362]

e) Abuso sexual e lenocínio

Toda a delimitação a que procedemos atrás a propósito da comparticipação criminosa, poderá ser desnecessária se considerarmos, como FIGUEIREDO DIAS[363], que as condutas, activas ou omissivas, que facilitem a prática de actos sexuais de relevo serão sempre consumadas pelo crime de lenocínio de menor. Mas poderá não ser assim.

Já dissemos que aquele que pratica acto sexual com menor ou leva um menor a praticá-lo com terceiro não pode ser punido pelo crime de lenocínio, pois está verificado o crime de abuso sexual de criança[364]. Portanto, aquele que leva o menor a praticar acto sexual com terceiro mediante uma omissão determinante, será também autor face ao art. 172.º do Código Penal, estando afastada a punição pelo art. 176.º da mesma lei.

O entendimento preconizado por FIGUEIREDO DIAS afigurava-se útil quando o abuso sexual de menor era visto como um crime de mão própria, sendo apenas autor aquele que, directa e pessoalmente, praticasse actos sexuais com o menor.

---

[361] Neste sentido, invocando o principio da culpa como delimitador da pluralidade criminosa quando haja uma pluralidade de eventos ou danos, CAVALEIRO FERREIRA, *Direito Penal...*, cit., pp. 363 e ss.

[362] Estarão aqui abrangidos aqueles casos em que o agente tem o hábito de gravar os crimes por si praticados, sem que, contudo, tenha tido alguma vez intenção de os exibir ou ceder, visando apenas manter um registo das crianças que abusou ou violou.

[363] *Ibidem.*

[364] Em sentido convergente, REIS ALVES: *"no lenocínio do menor, o agente colabora na sua corrupção, aconselhando-o ou ajudando-o a prostituir-se ou a praticar, com terceiro(s) actos sexuais de relevo; no abuso sexual, o agente pratica – ele próprio – com o menor acto sexual de relevo ou determina-o à prática desse acto com terceiro"*, ob.cit., p. 108.

Veja-se, por exemplo, que BELEZA DOS SANTOS entendia poder contribuir-se para a corrupção de outrem por acção ou por omissão, quando o *"agente tinha a possibilidade e a obrigação jurídica de impedir a desmoralização de outrem ou o seu agravamento ou a sua continuação e todavia não o fez..."*, dando como exemplo o caso de um ascendente, sob cujo poder se encontra um menor, que não impeça a sua prostituição ou não lhe oponha embaraço algum e até se aproveite dela, lucrando com a remuneração obtida por este meio.[365]

Abrangendo, actualmente, o tipo de abuso sexual de crianças, como autoria material, as condutas daqueles que levem o menor a praticar acto sexual de relevo com terceiro, esta questão deve ser repensada.

Mantemos, portanto, a nossa opinião de que os garantes que coloquem menores à disposição de abusadores, recebendo ou não dinheiro para tal, deverão ser considerados co-autores por omissão do crime de abuso sexual. Assim, deveria afastar-se o crime de lenocínio, ou por não estar verificada a sua tipicidade ou recorrendo às regras do concurso de normas.

Só que, atendendo às penalidades previstas nos arts. 172.º n.º 1 e 176.º n.º 3, pela regra da consumpção, deverá prevalecer a segunda infracção[366]. O caso é ainda mais estranho quando pensamos nas condutas de cumplicidade, activa ou omissiva, nos crimes de abuso sexual de crianças – pois grande parte destas condutas poderão ser caracterizadas como uma facilitação da prática de actos sexuais de relevo pelo menor de 14 anos, logo, como autoria do crime de lenocínio.

Assim, algo que seria punido como cumplicidade num crime, passa a ser punido como autoria de outro, mas mediante uma penalidade superior. Pensamos que o problema deve resolver-se aplicando-se o crime efecti-

---

[365] In RLJ, ano 60.º, n.º 2334, p. 30, citado por JOSÉ ANTÓNIO RODRIGUES MAQUES, "O crime de lenocínio no Direito Penal Português – subsídios para o seu estudo", in *Estudos Comemorativos do 150.º Aniversário do Tribunal da Boa-Hora, Ministério da Justiça*, 1995, Lisboa, p. 177.

[366] De novo, temos que criticar o mecanismo utilizado pelo legislador nesta norma. De acordo com a lei, aquele que obriga o menor, ou pratica com este, actos sexuais de relevo é punido com pena de 1 a 8 anos. Mas aquele que fornecer um local para que o menor de 14 anos pratique actos sexuais de relevo já é punido com pena de 2 a 10 anos, num claro desrespeito pelo princípio da proporcionalidade.

vamente cometido, que será o de coacção, violação ou abuso sexual de criança, sob a forma de instigação ou cumplicidade.[367]

É, contudo, possível proceder-se a uma delimitação entre estes dois crimes[368]. Por um lado, apenas haverá crime de lenocínio de menor se este exercer a prostituição ou praticar actos sexuais de relevo, sendo exigida a prática de vários actos sexuais e não apenas um[369]. O que quer dizer que se estivermos perante uma participação na prática de um crime de abuso sexual de crianças isolado não se verifica o art. 176.º se não houver prostituição.

Por outro lado, certas condutas de instigação e cumplicidade nunca poderão preencher a descrição legal desta norma. Basta pensar-se na conduta daquele que instiga o agente a praticar um crime de abuso sexual, ou, por exemplo, lhe presta auxílio fornecendo-lhe dinheiro para que possa pagar ao menor.

Não podemos dizer que estes participantes estejam a fomentar, favorecer ou facilitar o exercício da prostituição por menor – eles estarão sim a fomentar, favorecer ou facilitar a prática, pelo agente, de um abuso sexual de menor de 14 anos.

Esta incriminação tem subjacente, na realidade, o objectivo de evitar a exploração sexual comercial de crianças. A prevenção e repressão deverá ser feita, de acordo com o 2.º CMESC, punindo as condutas de todos aqueles que contribuam para a introdução e manutenção de crianças em situação de prostituição, ou para a utilização de crianças noutros fins sexuais comerciais, ainda que estes agentes não recebam dinheiro pela prática de actos sexuais (por exemplo, em espectáculos pornográficos ou na produção de material pornográfico).

---

[367] No mesmo sentido, MARIA JOÃO ANTUNES, Comentário..., cit., p. 582.

[368] Segundo BEGUÉ LEZAÚN, a delimitação das condutas periféricas pode fundar-se na exigência, para os crimes de coacção sexual, violação ou abuso, da satisfação dos instintos sexuais, a qual não será necessária para a verificação dos tipos de corrupção de menores, ob.cit., p. 196.

[369] MARIA JOÃO ANTUNES, Comentário..., cit., p. 580. Não havendo nenhuma referência expressa a esta questão nas Actas, na discussão esteve presente a ideia de que se pretendia punir a exploração sexual dos menores, e não qualquer conduta relacionada com o abuso sexual de um menor. Assim impõe-se, contudo, que o pai ou tutor que, pela sua omissão, contribua para a exploração de menores – o que implica alguma regularidade das práticas sexuais, seja responsável unitariamente pelo crime previsto no art. 176.º. De outro modo, este agente praticaria tantos crimes de abuso sexual quantos os actos sexuais praticados com o menor.

Não se deve confundir, contudo, a finalidade comercial da exploração da criança, com a necessidade de intuito lucrativo por parte do agente. Como bem prevê o art. 176.º, não é exigido para a verificação do tipo que o agente actue com intenção lucrativa, embora esta agrave a penalidade aplicável.

Entendemos também que art. 176.º tem uma amplitude mais vasta do que o conjunto de condutas que possa estar associado ao art. 172.º, não sendo seu objectivo principal punir de forma autónoma actos que seriam de instigação ou cumplicidade do crime previsto nesta última norma.

Pretende abranger-se na incriminação todas as condutas daqueles que contribuam para o negócio da exploração sexual de menores, numa lógica semelhante à do crime de associação criminosa. Comete o crime de lenocínio aquele que fornece um local para o exercício de prostituição ou de vários actos sexuais de relevo, aquele que angaria menores ou faz de intermediário, mas também será punido aquele que fornece meios económicos para a prática de tais actos, ainda que nunca venha a ter qualquer contacto com o menor[370].

Por isso, não sendo utilizado um dos meios gravosos previstos no n.º 3 do art. 176.º, a penalidade para estas condutas será, talvez, demasiado pesada.

Por fim, resta dizer que é perfeitamente possível que exista concurso real efectivo entre crime de abuso sexual de menores e lenocínio, desde que o agente, através de várias acções, não só abuse do menor, mas fomente o exercício, por parte deste, da prostituição.

B. Concurso entre crimes contra a liberdade e autodeterminação sexual e outras incriminações

Dada a natureza complexa da maioria das incriminações que vimos analisando, cumpre dar ainda atenção ao concurso entre os crimes sexuais e outros que lhes estejam intimamente associados. É o caso das normas relativas à coacção, às ameaças e às ofensas à integridade física.

---

[370] E embora não sendo exigido o intuito lucrativo do agente em questão, não podemos prescindir da exigência de que a sua conduta esteja associada a um negócio – o da exploração, por qualquer meio, do menor.

Se virmos a descrição legal dos crimes de coacção sexual, violação, e lenocínio agravado pelo meio utilizado, compreendemos que não poderá existir concurso real entre os crimes previstos nos arts. 153.º e 163.º do Código Penal se o agente, para conseguir praticar o acto sexual, ameaça a vítima com uma arma de fogo.

Para que se verifique o segundo crime, coacção sexual, o agente não pode deixar de recorrer a um dos meios aí previstos, que isoladamente considerados constituem também uma infracção punível.

A opção pelo mero concurso de normas impõe-se, pois a censura global dirigida pelo legislador ao facto típico envolve ambas as condutas: o acto sexual e o meio violento. Estamos face a um dos casos em que ocorre a unidade típica da acção em sentido estrito[371].

Quando estejamos perante os crimes de coacção sexual, violação e lenocínio agravado pelo meio utilizado, a doutrina é consensual no tratamento a dar ao concurso: se os meios violentos forem necessários e causais à prática do acto sexual (ou para o fomento da prostituição), só poderá haver concurso aparente.

Mas já haverá concurso efectivo se qualquer um destes meios se revelar desproporcionado ou desnecessário para a obtenção do consentimento iniciado da vítima para o envolvimento sexual[372].

No que diz respeito ao abuso sexual de menores, as respostas já não tão claras. Por exemplo, FIGUEIREDO DIAS entende que se o autor de um crime de abuso sexual de crianças utilizar meios de diminuta gravidade que se possam reconduzir aos tipos de ameaças ou coacção (mas já não aos de coacção sexual ou violação), deverá haver concurso efectivo[373].

Quanto a nós, entendemos que, nestes casos, o concurso será aparente, já que o abuso, elemento do tipo do art. 172.º, sendo o aproveitamento de uma situação de superioridade, pode envolver o recurso, como

---

[371] Entre outros, JESCHECK, ob.cit., vol. II, pp. 995 e ss.; CHOCLÁN MONTALVO, ob.cit., p. 120; GARCÍA ALBERO, ob.cit., p. 120.

[372] Por todos, FIGUEIREDO DIAS, *Comentário...*, ob.cit., p. 459; na jurisprudência, Acórdão da RC de 18.10.89, *BMJ*, 390, p. 474.

[373] *Ibidem*.

[374] Será, por exemplo, a situação do pai que ameaça a filha menor de que não a deixa sair de casa, ou que fará algum mal à mãe, para obter o seu consentimento. A este respeito veja-se o Acórdão do STJ de 15.06.2000, *BMJ*, 498, p. 148, no qual são desconsideradas as ameaças, de diminuta gravidade, que o arguido faz à filha menor para obter desta o consentimento para a prática de actos sexuais.

meio adequado à quebra das resistências do menor, a meios que também se enquadrem nos arts. 153.º e 154.º do Código Penal.[374] Já se o autor de crime de abuso sexual de crianças utilizar, no decurso da execução do facto, meios violentos, haverá concurso efectivo com o crime de ofensas à integridade física (ainda que não sejam graves).

Quando as ofensas fizerem parte do processo de dominação do menor, o autor terá então praticado apenas um crime de coacção sexual ou violação. O concurso efectivo entre o crime de ofensas à integridade física e o crime previsto no art. 172.º impõe-se sempre que o menor for incapaz de opor resistência, dada a sua pouca idade ou deficiência física ou mental.[374]

Se os meios utilizados derem origem à produção de ofensas à integridade física grave ou morte, sem que haja dolo do agente, estaremos perante uma agravação pelo resultado nos termos do n.º 3 do art. 177.º do Código Penal. Havendo dolo de homicídio cumpre saber se, podendo estar em causa o homicídio qualificado previsto no art. 132.º n.º 2 alínea d) do Código Penal, existe concurso aparente e consequente consumpção da violação[376].

Também podemos integrar na categoria da unidade típica da acção, as privações de liberdade que, acompanhando a prática do crime sexual, se integrem no processo de coacção da vítima. Serão aqueles casos em que o agente conduz a vítima para um local isolado ou impede-a de sair de um determinado local, e que deverão dar origem a um mero concurso de normas.[377] O concurso com o sequestro será efectivo sempre que a pri-

---

[375] Neste sentido, Acórdão do STJ de 09.02.94, CJSTJ, 1994, Tomo III, p. 218.

[376] Pensamos que, em regra, deverá haver concurso efectivo. Contudo, face ao *ne bis in idem*, poderá impor-se o concurso aparente quando o agente, pretendendo praticar um homicídio como forma de satisfação dos seus instintos sexuais, acabe por praticar, com ou na vítima, estando esta ainda viva, algum acto sexual de relevo, que, em si, não assuma grande gravidade. O que não se poderá fazer, para evitar o recurso ao concurso aparente, é proceder à qualificação do homicídio por outra via, condenando depois o arguido em concurso efectivo por um crime sexual. Se são vários os motivos que permitiriam a qualificação do homicídio, aqueles que não fundamentem directamente tal qualificação deverão ser ponderados na medida da pena.

[377] *"Comete apenas o crime de tentativa de violação (e não também o de sequestro, que fica consumido) o Arguido que agarra a ofendida por um braço, lhe tapa a boca para que não grite, a ameaça com uma navalha e, sem a largar da mão, a encaminha para um trilho marginal à estrada, em direcção a uma mata, para local afastado a 20 a 30 metros, aí a procurando violar"*, Acórdão do STJ de 24.6.92, CJXVII, 1992, tomo III, p. 50; contra Ac. do STJ de 13.02.91, BMJ, 404, p. 222; Ac. do STS de 21.06.95, CJSTS, 1995, tomo III, p. 183; Ac. do STJ de 20.01.94, BMJ, 433, p. 290.

vação da liberdade exceda aquilo que seria indispensável à prática do crime sexual[378].

Também em concurso efectivo deverá ser punido aquele que reduzir um menor de 14 anos à situação de escravidão sexual, por não estar aqui em causa somente o bem jurídico liberdade, ou liberdade sexual[379]. Quando, para além de uma eventual instrumentalização do menor, este seja reduzido à condição de coisa, como se de um verdadeiro objecto se tratasse, sendo exercidos sobre ele poderes de disposição e transacção, a prática de crimes de coacção sexual, violação ou abuso deverá ser punida em concurso real efectivo[380].

Por último, sempre que estiver em causa uma rede de pedofilia ou pedopornografia, deverá suscitar-se a punição também pelo crime de associação criminosa, previsto no art. 299.º do Código Penal. Por via de regra, e tendo em conta a diversidade de bens jurídicos tutelados[381], a punição do crime de associação criminosa e dos crimes praticados pela associação criminosa ocorre através do concurso efectivo real de crimes.

Entendemos, contudo, que tem plena aplicação a excepção configurada por FIGUEIREDO DIAS nos casos em que uma determinada acção de apoio consiste precisamente na prática de um único crime[382]. Por exem-

---

[378] Neste sentido, FIGUEIREDO DIAS, *Comentário...*, cit., p. 459. Assim será se o sequestro se prolongar para além da prática do acto sexual, ainda que vise a repetição do crime, num momento posterior, pois a manutenção da vítima em cativeiro terá que assumir relevância autónoma. Nestes casos, aliás, estaremos perante um verdadeiro crime de rapto, previsto na alínea b) do n.º 1 do art. 160.º do Código Penal, o qual é punido em concurso efectivo com os eventuais crimes sexuais praticados pelo autor (no mesmo sentido, excluindo somente do concurso efectivo as situações de mera tentativa do crime sexual, TAIPA DE CARVALHO, *Comentário...*, cit., p. 430. No mesmo sentido, Acórdão do STJ de 04.02.87, *BMJ*, 364, p. 541.

[379] *"A redução de uma pessoa à condição de objecto, de coisa (escravidão) é muito mais grave do que um atentado à liberdade física de movimento (...), pois que implica e significa a negação não apenas desta espécie de liberdade (...), mas a negação da raiz de todas as expressões da personalidade humana (liberdade, honorabilidade, etc.) que é a dignidade humana. (...) A escravidão é a destruição da dignidade ou personalidade humana e, portanto, constitui um verdadeiro homicídio moral."*, TAIPA DE CARVALHO, *Comentário...*, cit., p. 422.

[380] Dúvidas surgem, contudo, quanto ao tratamento entre o art. 159.º e o art. 176.º, parecendo-nos que a melhor solução será a do concurso aparente.

[381] Sendo o bem jurídico tutelado pelo art. 299.º, de acordo com a maioria da doutrina e tendo e conta a inserção sistemática da norma no Código Penal, a paz pública. Sobre esta questão ver FIGUEIREDO DIAS, *Comentário...*, cit., vol. II, p. 1157.

[382] *Idem*, p. 1173.

plo, quando uma determinada associação criminosa que se dedique à pedopornografia peça a colaboração de uma pessoa para abusar de um menor, no âmbito da produção de material pornográfico, este apoiante deverá ser punido apenas pelo crime previsto no art. 172.º.[383]

C. Crime continuado

Após tudo o que já se disse sobre o concurso, será que há lugar para a punição, em crime continuado, dos delitos sexuais? Desde logo, há que esclarecer que o crime continuado não deve ser utilizado para resolver situações de verdadeira unidade típica da acção[384]. A inserção, na figura do delito continuado, de situações que não partilhem dos mesmos pressupostos poderá conduzir a uma descaracterização desta mesma figura[385].

A verdade é que quer na doutrina quer na jurisprudência é comum aplicar-se o regime do crime continuado a situações que na nossa opinião configurariam apenas um único crime, e não uma ficção legal de unidade criminosa[386].

---

[383] Não nos podemos esquecer que o art. 299.º, embora seja aparentemente titular de um bem jurídico autónomo, não deixa de consistir de uma antecipação da tutela penal, pelo que a punição em concurso efectivo terá que ser sempre ponderada em cada caso concreto, tendo em vista o *ne bis in idem* e o princípio da culpa. Esta questão assume particular importância quando esteja em causa a prática do crime de lenocínio de menor, o qual abrange, na sua descrição legal, certas condutas que são características das associações criminosas. De facto, um dos objectivos a incriminação prevista no art. 299.º é o de abranger tipicamente condutas que, por não lesarem directamente nenhum bem jurídico, poderiam ficar de fora do panorama penal (nos casos em que nem sequer pudessem ser reconduzidas a instigação ou cumplicidade). Assim, a coincidência parcial entre estes dois crimes é manifesta. Uma boa solução seria introduzir-se uma agravação do crime de lenocínio quando este fosse levado a cabo no âmbito de uma associação criminosa, à semelhança do que se fez no direito espanhol (arts. 187.º e 188.º do Código Penal).

[384] Neste sentido, mas não em especial quanto aos crimes sexuais, CAVALEIRO FERREIRA, Lições de *Direito Penal*..., cit., p. 395.

[385] Veja-se que a solução é aparentemente a mesma, pois o agente será condenado, nos dois casos, pela parcela mais grave do(s) crime(s) em questão (art. 79.º do Código Penal). No entanto, num caso existe efectiva pluralidade de crimes e no outro não. Quando se trata de unidade típica da acção, a tendência da jurisprudência vai no sentido de presumir a diminuição da culpa com base nas circunstâncias especiais que acompanham a prática da pluralidade natural de factos, quando perante a pluralidade jurídica de factos tal não será nunca admissível.

[386] MOURAZ LOPES, ob.cit., p. 42; BERENGUER, ob.cit., pp. 929 e ss. Entendendo que haverá crime continuado quando se verifique a prática de uma pluralidade de actos

Fora dos casos em que se verifique a unidade típica da acção, será admissível a punição, na forma continuada, de crimes como a coação sexual, violação ou abuso de crianças? Apesar de estarmos perante bens jurídicos de natureza pessoal[387], a figura do crime continuado tem sido admitida pela generalidade da doutrina e da jurisprudência, mesmo quando estão em causa crianças, desde que os crimes sejam todos praticados contra a mesma vítima[388].

No que diz respeito aos crimes de coacção sexual e violação, não será fácil configurar hipóteses em que estejam verificados todos os pressupostos do crime continuado. Teriam que ser situações em que o mesmo agente[389], perante a mesma vítima, e em ocasiões distintas, sob um clima de violência ou grave intimidação, praticasse com esta actos sexuais de relevo.

---

sexuais de relevo com a mesma vítima, todos eles recondutíveis ao uso continuado de coacção, FIGUEIREDO DIAS, *Comentário...*, cit. p. 552. Na jurisprudência veja-se, entre outros, o Ac. STJ de 12.0.94, *BMJ*, 433, p. 225

[387] Em sentido contrário, alguma jurisprudência espanhola tem recusado a aplicação da continuação criminosa, fora dos casos em que se podia verificar a unidade típica da acção, aos crimes de coacção sexual e violação. Esta jurisprudência fundamenta-se no art. 74.º do Código Penal espanhol que proíbe a aplicação do crime continuado aos bens jurídicos de natureza pessoal (apesar do n.º 3 da mesma norma excepcionar os casos de ataques contra a honra e contra a liberdade sexual, ponderadas as circunstâncias do caso). Pelo facto dos crimes de coacção e violação envolverem o uso de violência, estando sempre subjacente a oposição da mulher, o agente deverá ser condenado em concurso real efectivo. A mesma jurisprudência já admite o crime continuado em casos de abuso sexual que não envolvam violência, CHOCLÁN MONTALVO, ob.cit., pp. 281 e ss.

[388] Entre outros, FIGUEIREDO DIAS, *Comentário...*, cit., p. 553; JAKOBS, ob.cit., p. 1092.

[389] Quando vários agentes mantêm, sucessivamente, cópula com a mesma vítima, a jurisprudência tende a aplicar o concurso real efectivo. O Ac. do STJ de 18.03.98 constitui exemplo, quer do tratamento de, muito provavelmente, uma única acção típica como crime continuado (penetração sucessiva, pelo mesmo agente na mesma vítima, nas mesmas circunstâncias de tempo e lugar), quer do afastamento do crime continuado quando nos crimes intervenham vários agentes: *"Quando nas mesmas circunstâncias de tempo e lugar, em comunhão de esforços e intenções, três arguidos, usando de violência física e contra a vontade da ofendida, mantêm com ela, por duas vezes, relações sexuais deve, cada um deles, ser condenado como autor de três crimes de violação na forma continuada."*, *CJ*STJ, 1998, tomo I, p. 230. Estes casos devem ser excluídos da unidade típica da acção, por envolverem uma agravação não homogénea do ilícito, dado que os actos sexuais são praticados por vários agentes diferentes. No entanto, não deixamos de estar perante um conjunto de condutas (cópula e constrangimento à cópula) que é praticado pelo mesmo agente contra a mesma vítima. Embora seja difícil afirmar-se a existência de sensível diminuição da culpa, não é de excluir, em absoluto, o crime continuado.

Pelo facto de ser necessário que se renove o uso de violência física ou que se crie, de novo, um clima de grave intimidação, não será comum vislumbrar-se uma verdadeira solicitação exterior[390], e menos ainda verificar-se a sensível diminuição da culpa.

Por estas razões alguns autores excluem da figura do crime continuado os crimes de coacção sexual e violação, fora das hipóteses em que se poderia falar em unidade típica da acção. Precisamente porque entendem ser incompatível com os requisitos especiais do crime continuado (solicitação exterior e diminuição sensível da culpa), o uso renovado de violência ou coacção grave[391].

O panorama altera-se ligeiramente quando passamos para os crimes sexuais que não implicam violência nem coacção grave: abuso sexual, exibicionismo e pornografia, pedopornografia e lenocínio simples. No que diz respeito ao abuso sexual de crianças tem sido geralmente aceite a aplicação do crime continuado, quer pela doutrina quer pela jurisprudência.

Tal poderá dever-se à estrutura tradicional que reveste a prática da maioria destes crimes, os quais são comummente praticados por familiares ou amigos próximos da família, dentro da casa onde reside o menor, e, muitas vezes, também o abusador. Por outro lado, a inexistência de oposição expressa da vítima, após a primeira cedência, pode ser um factor de facilitação da prática de novos crimes, contribuindo para a diminuição da culpa[392].

---

[390] Nem se poderá entender que o facto dos crimes serem praticados contra vítimas que se exponham, voluntariamente ou não – prostitutos/as ou pessoas que sejam forçadas a colocar-se numa situação de vulnerabilidade constante por motivos profissionais ou outros –, constitui uma solicitação exterior, já que não pode aceitar-se que estar na rua à noite sozinha crie no agente uma compreensível tentação para a prática de crimes sexuais. Os casos mais difíceis serão aqueles em que a prática de crimes sexuais ocorre no âmbito familiar (entre cônjuges, por exemplo), já que a proximidade com vítima e incrente facilidade constante de acesso à mesma, e a própria natureza da relação familiar em causa, poderão, eventualmente, diminuir a culpa do agente.

[391] Por todos, CHOCLÁN MONTALVO, ob.cit., p. 291.

[392] O Supremo Tribunal espanhol apresenta como argumentos favoráveis à aplicação do crime continuado ao abuso sexual, o facto de uma vez iniciada a acção típica, as seguintes decorrem, por vezes, naturalmente do propósito inicial. Mais, segundo este tribunal, o agente, nos actos seguintes, limita-se a aproveitar uma situação já existente (quebra das resistências do menor), pelo que a inexistência de oposição e o fácil acesso ao bem jurídico são de molde a perpetuar a relação autor-vítima, CHOCLÁN MONTALVO, ob.cit., pp. 294 e ss.

Outras razões, de índole mais prático, poderão exercer alguma pressão no sentido de uma admissão generalizada do crime continuado. Por um lado, o regime do crime continuado implicará uma punição mais razoável para aquelas situações em que o abuso ocorre entre pai e filha, residentes na mesma casa, ao longo de vários anos, repetindo-se com alguma regularidade[393].

Por outro lado, o regime do crime continuado pode evitar a prescrição das parcelas criminosas absorvidas pela continuação, sendo, em concreto, mais gravoso para o agente[394].

Quaisquer que sejam os motivos que possam seduzir o julgador no sentido da aplicação do crime continuado, não podemos nunca perder de vista que este instituto obedece a uma lógica própria, a qual se reflecte nos pressupostos e requisitos exigido pela lei.

Desde logo, terá que existir uma pluralidade de factos, isto é, o agente terá que ter praticado pelo menos mais do que um crime de abuso sexual, em ocasiões distintas. No entanto, importa que a forma de execução

---

[393] Assim se o crime de abuso sexual é praticado pelo pai contra a filha menor de 9 anos, de modo regular (todas as semanas) até que a vítima atinge a idade de 14 anos, no total terão sido praticados 240 crimes ao longo dos 6 anos de actividade criminosa. Se a cada infracção é atribuída uma pena de 5 anos, a soma das várias penas em concurso real efectivo irá ultrapassar largamente o limite máximo dos 25 anos (mais concretamente, o total seria de 1200 anos). De acordo com o art. 77.º n.º 2 do Código Penal, a pena deverá ser fixada numa medida entre os 5 e os 25 anos. Se for aplicado o crime continuado, e tendo em conta os arts. 172.º n.º 2, 177.º n.º 1 alínea a) e 79.º, todos do mesmo código, a pena concreta deverá situar-se entre os 4 e os 13 anos e 3 meses. Atendendo que, quando o abusador tem legitimidade para exercer o direito de queixa, o crime de abuso sexual de crianças assume a natureza pública de acordo com o art. 178.º n.º 1 alínea b), o regime do crime continuado seria, em concreto, mais favorável a este arguido. Chamando a atenção para este problema, ZAFFARONI, defende a necessidade de interpretação racional dos tipos penais, para não termos como consequência a condenação grotesca e absurda de um arguido pela prática de 180 crimes de corrupção de menor, pelo contacto que teve com a mesma durante 6 meses, *Tratado de Derecho Penal*, vol. II, Buenos Aires, 1980, pp. 544 e 545, citado por CHOCLÁN MONTALVO, ob.cit., p. 296.

[394] Isto porque, de acordo com o disposto no art. 119.º n.º 2 alínea b) do Código Penal, a prescrição, nos crimes continuados, começa a contar-se a partir do fim da última parcela. Todavia, não havendo disposição semelhante no respeita à extinção do direito de queixa, art. 115.º n.º 1 da mesma lei, o mais provável é que não seja possível exercer a acção penal, por terem já decorridos os seis meses aí fixados para a apresentação da queixa. Tal obstáculo poderá, não obstante, ser contornado pelo Ministério Público, já que este possui a prerrogativa de dar oficiosamente início à acção penal quando a vítima for menor de 16 anos, de acordo com o art. 178.º n.º 4 da referida lei.

dos crimes seja semelhante para todos eles e que exista alguma conexão temporal[395].

Mas mais importante, a continuação criminosa apenas deverá ser aplicada quando exista, efectivamente, uma situação de solicitação que não seja criada propositadamente pelo agente aquando de cada nova infracção, e que tenha como consequência uma diminuição progressiva da culpa do agente em cada parcela criminosa[396].

De outra forma, se encararmos o crime continuado como regra geral para os abusos sexuais, corremos o risco de o transformarmos num crime de execução continuada, ou habitual, à semelhança do crime de maus-tratos, previsto no art. 152.º do Código Penal[397].

Em conformidade com o que dissemos sobre a unidade típica da acção, também é possível configurar situações de crime continuado para os crimes de exibicionismo, pornografia[398] e pedopornografia[399].

---

[395] Como exemplo de um possível crime continuado, veja-se o Ac. do STJ de 12.03.98: *"II – Comete o crime de abuso sexual de crianças, na forma continuada, (...) o arguido que, ao aperceber-se da presença de uma menor de 10 anos de idade, a segue, a agarra, a deita no chão, começando a beijá-la na cara e na boca, tirando-lhe de seguida as calças e as cuecas, deitando-se me cima dela, encostando-lhe o pénis erecto às coxas e aí o esfregou até ejacular sobre a menor, sendo certo que nos 15 dias seguintes o arguido voltou a encontrar a menor naquele local e, por duas vezes, reiterou os actos supra descritos"*, disponível em www.pgr.pt.

[396] Não basta a repetição dos crimes sexuais: *"Tendo mantido relações sexuais de cópula com uma menor, por seis vezes e em igual número de ocasiões distintas, o Arguido cometeu outros tantos crimes de abuso sexual de crianças p.p. pelo art. 172.º, nº2 do CP, se a renovação da decisão criminosa não foi facilitada por qualquer situação exterior ou exógena e, antes, foi ele próprio que criou as condições que lhe permitiram concretizar os seus propósitos, designadamente, perseguindo, assediando e ameaçando a ofendida"*, Ac. STJ de 12.11.99, disponível em www.pgr.pt.

[397] Neste sentido, preferindo sempre o recurso às regras de punição do concurso real efectivo, fora dos casos em que haja unidade típica da acção, CHOCLÁN MONTALVO, não aceita que o autor beneficie da relação privilegiada que mantém com a vítima, ob.cit., p. 296. Também evidenciando que as consequências para as vítimas de abuso sexual de menores são exponencialmente mais graves quando a agressão se repete ao longo do tempo, ISABEL ALBERTO, in AAVV, *Abuso sexual de menores. Uma conversa sobre Justiça entre o Direito e a Psicologia*, cit., pp. 37 e ss.

[398] No mesmo sentido, FIGUEIREDO DIAS, *Comentário...*, cit., p. 551; contra, configurando o crime de corrupção de menores como crime de mera actividade, que se consuma desde que se inicia o menor no caminho do vício, CHOCLÁN MONTALVO, ob.cit., p. 294.

[399] Podemos pensar, desde logo, na produção, venda ou exibição em cadeia de material pedopornográfico, quando esteja montado um esquema, nomeadamente no âmbito de associações criminosas, que facilite grandemente tais actividades.

Quanto ao crime de lenocínio, não nos parece possível o recurso ao crime continuado. Caso o agente pratique as condutas aí descritas em relação a vários menores, a continuação criminosa está excluída por causa da diversidade de titulares dos bens jurídicos. Caso a infracção seja praticada contra a mesma vítima, ainda que o menor pratique vários actos sexuais de relevo ou se prostitua vária vezes, o agente que fomente, facilite ou favoreça tais condutas terá praticado apenas um crime de lenocínio[400].

---

[400] O mesmo se diga quanto ao tráfico de menores, já que na perspectiva da punibilidade do autor será irrelevante saber-se quantos actos sexuais é que foram, em concreto, praticados pelo menor. Em sentido convergente, BEGUÉ LEZAÚN, ob.cit., p. 197.

III. CONSIDERAÇÕES FINAIS

Escritas todas estas páginas, impõe-se que retiremos uma primeira conclusão: ficámos muito aquém do que a complexidade do tema exigiria. Quando começámos a nossa investigação não pudemos antecipar os caminhos que seríamos levados a seguir; não pudemos prever a extensão dos problemas que estas formas de criminalidade colocariam à teoria geral da infracção.

Compreendemos agora que das questões que abordámos – bem jurídico tutelado pelos crimes sexuais contra menores e natureza das incriminações, validade do consentimento do menor, comparticipação e concurso – qualquer uma delas mereceria maior atenção e comportaria um estudo individualizado. Perdia-se, contudo, a visão global que pretendemos dar do tratamento que devem receber os crimes de natureza sexual praticados contra crianças.

No entanto, uma temática importante ficou de fora do nosso estudo: a valoração da culpa dos autores de crimes de pedofilia, quer face a eventuais situações de inimputabilidade, quer face a situações de diminuta consciência da ilicitude.

Não nos podemos esquecer que, até há pouco tempo, as crianças tinham poucos ou nenhuns direitos, e que há mais algum tempo atrás, nem sequer era reconhecida pela sociedade a existência de uma especial condição de ser criança. Os filhos, vistos muitas vezes como propriedade dos pais, eram considerados como mais uma força de trabalho essencial à sobrevivência da família.

Estes condicionalismos, que não são tão recentes quanto se poderia desejar, se bem que nunca possam desculpar a criminalidade sexual contra as crianças, poderão ter relevância na valoração de alguns destes crimes.

BILBIOGRAFIA

ALBERO, RAMÓN GARCÍA – *"Non bis in idem" material y concurso de leyes penais*, Cedecs Editorial, Barcelona, 1995;
ALBERTO, ISABEL – AAVV, *Abuso sexual de menores. Uma conversa sobre Justiça entre o Direito e a Psicologia*, Almedina, Coimbra, 2002;
ALVES, LURDES BARATA e J.M. BARRA DA COSTA – "Perspectivas teóricas e investigação no domínio da delinquência sexual em Portugal", in *RPCC*, ano 9, n.º 2, 1999, Coimbra;
ALVES, SÉNIO MANUEL DOS REIS – *Crimes sexuais: notas e comentários aos artigos 163 a 179 do Código Penal*, Almedina, Coimbra,1995.
ANDRADE, MANUEL COSTA – *Comentário Conimbricense do Código Penal*, vol. I, coordenação de Jorge de Figueiredo Dias, Coimbra Editora, Coimbra, 1999;
– *Consentimento e acordo em Direito Penal, contributo para a fundamentação de um paradigma dualista*, Coimbra Editora, Coimbra, 1991;
ANTUNES, MARIA JOÃO – *Comentário Conimbricense do Código Penal*, vol. I, coordenação de Jorge de Figueiredo Dias, Coimbra Editora, Coimbra, 1999;
BEGUÉ LEZAÚN, J.J. – *Delitos contra la libertad e indemnidad sexuales: ley orgánica 11/99, de 30 de Abril*, Bosch, Madrid, 1999,
BELEZA, TERESA – "Ilicitamente comparticipando – o âmbito de aplicação do art. 28.º do Código Penal", in *Estudos em Homenagem ao Prof. Doutor Eduardo Correia*, Universidade de Coimbra, n.º especial, Coimbra, 1984;
– "O conceito legal de violação", *RMP*, ano 15, n.º 59, 1994, pp. 51 a 64;
– "Sem sombra de pecado: o repensar dos crimes sexuais na revisão do Código Penal", in *Jornadas de Direito Criminal – Revisão do Código Penal*, CEJ, 1986, Lisboa;
– *Direito Penal*, 1.º vol, AAFDL, 1985, Lisboa;
– *Direito Penal*, 2.º vol, AAFDL, 1985, Lisboa;
BRITO, TERESA QUINTELA DE – *A tentativa nos crimes comissivos por omissão: um problema de delimitação da conduta típica*, Coimbra Editora, Coimbra, 2000;
CARVALHO, AMÉRICO TAIPA DE – *Comentário Conimbricense do Código Penal*, vols. I e II, coordenação de Jorge de Figueiredo Dias, Coimbra Editora, Coimbra, 1999;
CHOCLÁN MONTALVO, JOSÉ ANTONIO – *El delito continuado*, Marcial Pons, Madrid, 1997;
Código Penal, Actas e Projecto da Comissão Revisora, Edição do Ministério da Justiça, 1993;
CORREIA, EDUARDO – *A teoria do concurso em Direito Criminal: unidade e pluralidade de infracções*, Almedina, Coimbra, 1983;

Costa, J. F. Faria – *O perigo em Direito Penal – (contributo para a sua fundamentação e compreensão dogmáticas)*, Coimbra Editora, Coimbra, 2000;

Costa, J. Pinto da – "Abuso sexual em menores", *Revista de Investigação Criminal*, n.º 34, 1990, Porto;

Costa, J.M. Barra da e Lurdes Barata Alves – "Perspectivas teóricas e investigação no domínio da delinquência sexual em Portugal", in *RPCC*, ano 9, n.º 2, 1999, Coimbra;

Cunha, J.M. Damião da – *Comentário Conimbricense do Código Penal*, vol. II, coordenação de Jorge de Figueiredo Dias, Coimbra Editora, Coimbra, 1999;

Dias, Jorge de Figueiredo – *Comentário Conimbricense do Código Penal*, vol. I, coordenação de Jorge de Figueiredo Dias, Coimbra Editora, Coimbra, 1999;

– *Direito Penal*, Universidade de Coimbra, Coimbra, 1976;

– *Temas básicos da doutrina penal*, Coimbra Editora, Coimbra, 2001;

Dicionário da Língua Portuguesa Contemporânea da Academia das Ciências de Lisboa, vols. I e II, Verbo, 2001

Diez Ripolles, J. L. – *Exhibicionismo, pornografia y otras condutas sexuales provocadoras – (la frontera del Derecho Penal sexual)*, Bosch, Barcelona;

Duarte, J. Dias – "Homossexualidade com menores: art. 175.º do Código Penal", in *RMP*, ano 20, n.º 78, 1999, Lisboa;

Ferreira, Manuel Gonçalves Cavaleiro – *Lições de Direito Penal, parte II, Teoria da Infracção Penal*, Faculdade de Direito de Lisboa, 1940/41;

– *Direito Penal*, vol. I, Faculdade de Direito da Universidade de Lisboa, 1962

Frayssinet, Jean – "Responsabilité pénale d'un utilisateur: détornement d'un ordinateur à usage professionnel pour receler des images pédophiles", in *La semaine juridique, Jurisprudence*, ano 73, n.º 3, 20.01.1999, Paris ;

Gimbernat Ordeig, Enrique – *Autor y complice en Derecho Penal*, Faculdade de Direito da Universidade de Madrid, 1966;

Gonçalves, M. Maia – *Código Penal Português, Anotado e Comentado*, 15.ª Edição, Almedina, Coimbra, 2002;

Guerra, Paulo – *Abuso sexual de menores. Uma conversa sobre Justiça entre o Direito e a Psicologia* , Almedina, Coimbra, 2002;

Holmes, Stephen T. E Ronald M., *Sex Crimes, Patterns and Behavior*, Sage Publications, London, 2002;

Howit, Dennis – *Paedophiles and sexual offences against children*, John Wiley & Sons, Nova Iorque, 1995;

Jakobs, Günther – *Derecho Penal, Parte General*, tradução de Joaquin Cuello Contreras e J.L.S. Gonzalez de Murillo, Marcial Pons, Ediciones Juridicas, S.A., Madrid, 1995;

Jescheck, Hans-Heinrich – *Tratado de Derecho Penal, Parte General*, vols. I e II, Tradução de S. Mir Puig e F. Muñoz Conde, Bosch, Barcelona, 1981;

Jescheck, Hans-Heinrich/Ruß, Wolfgang/Willims, Günther – *Strafgesetzbuch, Leipzig Kommentar,* tomo 37, Walter de Gruyter, Berlim, 1985;

Lopes, J. Mouraz – *Os crimes contra a liberdade e a autodeterminação sexual no Código Penal*, 3.ª Edição, Coimbra Editora, Coimbra, 2002;

Luzón Peña – "Causas de atipicidad y causas de justificación", in *Causas de Justificación y de Atipicidad en Derecho Penal*, AAVV, Aranzadi editorial, 1995;

Marques, José António Rodrigues – "O crime de lenocínio no Direito Penal Português – subsídios para o seu estudo", in *Estudos Comemorativos do 150.º Aniversário do Tribunal da Boa-Hora*, Ministério da Justiça, 1995, Lisboa;
Miranda, Anabela Rodrigues – "O papel dos sistemas legais e a sua harmonização para a erradicação das redes de tráfico de pessoas", in *RMP*, ano 21, n.º 84, 2000;
– *Comentário Conimbricense do Código Penal*, vol. I, coordenação de Jorge de Figueiredo Dias, Coimbra Editora, Coimbra, 1999;
Morales Prats, Férmin e Quintero Olivares, G. – *Comentários al nuevo Código Penal*, 2.ª Edição, Aranzadi Editorial, 2000;
Moreillon, Laurent – "Répression de la cyberpornographie en droit suisse, française, allemand et anglais", in *Revue de droit de l'informatique et des télécoms*, n.º 3, 1997, Paris :
Muñoz Conde, Francisco – *Derecho Penal, Parte Especial*, 9.ª Edição, Tirant Lo Blanch, Valência, 1993;
Muntarbhorn, Vitit – *Sexual Exploitation of Children*, Nações Unidas, Nova Iorque e Genebra, 1996;
Natscheradetz, Karl P. – *O Direito Penal Sexual: conteúdo e limites*, Almedina, Coimbra, 1985;
Negrão, Maria do Céu R. S. – "Sobre a omissão impura no actual Código Penal português e em especial sobre a fonte do dever que obriga a evitar o resultado", *separata* da *RMP*, n.ᵒˢ 25 e 26, 1986, Lisboa;
Orst Berenguer, Enrique – *Comentarios al Código Penal de 1995*, vol. I, coordenação de ANTÓN, TOMAS S. VIVES, Tirant Lo Blanch, Valência, 1996
Palma, Maria Fernanda – "Novas formas de criminalidade: o problema do direito penal do ambiente", in *Estudos Comemorativos do 150.º Aniversário do Tribunal da Boa-Hora*, Ministério da Justiça, 1995, Lisboa;
– *Direito Penal, Parte Especial*, AAFDL, Lisboa, 1983;
– *Direito Penal, Parte Geral*, vol. II, AAFDL, Lisboa, 2001;
Patrício, Rui – *Erro sobre regras legais, regulamentares ou técnicas nos crimes de perigo comum no actual direito português – (Um caso de infracção de regras de construção e algumas interrogações no nosso sistema penal)*, AAFDL, Lisboa, 2000;
Patto, P. Vaz – "Direito Penal e ética sexual", in *Direito e Justiça*, Vol. XV, tomo 2, 2001, Lisboa;
Pereira, Rui Carlos – "Crimes de mera actividade", *Revista Jurídica da AAFDL*, n.º 1, 1982, AAFDL, Lisboa, pp. 7 a 57;
– "Liberdade sexual: a sua tutela na reforma do Código Penal", in *Sub Júdice – Justiça e Sociedade*, n.º 11, 1996, Lisboa;
Pinto, Frederico de Lacerda Da Costa – *A relevância da desistência em situações de comparticipação*, Almedina, Coimbra, 1992;
Quintero Olivares, G./Morales Prats, Férmin – *Comentários al nuevo Código Penal*, 2.ª Edição, Aranzadi Editorial, 2000;
Ramos, F. J. Ferreira – "Notas sobre os crimes sexuais no projecto de revisão do Código Penal de 1982 e na Proposta de Lei n.º 92/VI", in *RMP*, ano 15, n.º 59, 1994, Lisboa;

RODRIGUES, MARTA FELINO – *A teoria penal da omissão e a revisão crítica de Jakobs*, Almedina, Coimbra, 2000;
ROXIN, CLAUS – "Do limite entre comissão e omissão", in *Problemas fundamentais de Direito Penal*, Vega, 1986;
– *Autoria y domínio del hecho en Derecho Penal*, tradução da 7.ª edição por Joaquín Cuello Contreras y J. L. S. González de Murillo, Marcial Pons, Madrid, 2000;
– *Derecho Penal, Parte General*, tomo I, tradução da 2.ª Edição Alemã por D. Luzón Peña, M. D. Garcia Conlledo e J. V. Remesal, Editorial Civitas, S.A., 1997;
SAINZ CANTERO, JOSE A. – "La reforma del Derecho penal sexual", in *Anuário de Derecho Penal y Ciencias Penales*, tomo XXXI, fasc. II, Maio-Agosto de 1978;
SÁNCHES TOMÁS, JOSÉ M. – "Los abusos sexuales en el Código Penal de 1995: en especial sobre menor de doce años y abusando de transtorno mental", in *Cuadernos de Política Criminal*, n.º 61, 1997, Madrid;
– "Relaciones normativas de exclusión formal y de especialidad: La problemática del error sobre elementos que agravan la pena a través del ejemplo del error sobre la edad de doce años (violación – estupro)", in *Anuario de Derecho Penal y Ciencias Penales*, ano MCMXCIII, tomo XLVI, fascículo II, 1993, Madrid;
Sexual exploitation, pornography and prostitution of, and trafficking in, children and young adults: recommendation Nº R(91) 11 and report of the European Committee on crime problems, Concelho da Europa, Estrasburgo, 1993;
SILVA, GERMANO MARQUES DA – *Direito Penal Português, Parte Geral, Introdução e Teoria da Lei Penal*, vol. I, Verbo, 1997;
SILVEIRA, MARIA MANUELA F. BARATA VALADÃO E – *Sobre o crime de incitamento ou ajuda ao suicídio*, AAFDL, Lisboa, 1997;
STRATENWERTH, GÜNTHER – *Derecho Penal, Parte General*, vol. I, tradução de Gladys Romero, Edersa, Madrid, 1992;
TORRÃO, FERNANDO – "A propósito do bem jurídico protegido nos crimes sexuais: mudança de paradigma no novo Código Penal", in *BFDUC*, vol. 71, 1995, Coimbra;
VELOSO, JOSÉ ANTÓNIO – *Apontamentos sobre omissão*, AAFDL, Lisboa, 1993;
VILALONGA, JOSÉ MANUEL – "Acção e Omissão – Acórdão do Tribunal da Relação de Coimbra de 1 de Junho de 1988", in *Casos e materiais de Direito Penal*, coordenação de Fernanda palma, Carlota Pizarro de Almeida e José Manuel Vilalonga, Almedina, Coimbra, 2002;
WESSELS, JOHANNES – *Derecho Penal, Parte General*, Edições Depalma, Buenos Aires, 1980;

ÍNDICE

NOTA À 1.ª EDIÇÃO 7

I. INTRODUÇÃO 9
1. Considerações iniciais 9
2. Percurso analítico e objectivos 11
3. Delimitação do objecto – o conceito de pedofilia 13
   A. Definição de pedofilia 13
   B. Quais são as condutas pedófilas mais comuns? – Referência a três casos mediáticos 15
      a) O caso "Cathedral" 15
      b) O caso "Wonderworld" 15
      c) O caso "Casa Pia" 16
   C. Tipos de crimes associados à pedofilia – condutas típicas e atípicas na legislação portuguesa 17

II. ESTRUTURA TÍPICA DAS INCRIMINAÇÕES CARACTERÍSTICAS DA PEDOFILIA 23

1. O bem jurídico protegido pelas incriminações relativas à pedofilia 23
   A. A coacção sexual e a violação 23
   B. O abuso sexual de crianças 27
   C. O lenocínio e tráfico de menores 44
   D. O exibicionismo e condutas afins 46
   E. A pedopornografia – limitações à sua incriminação 51
2. O tipo objectivo de ilícito – referência a algumas questões polémicas ... 66
   A. Natureza das incriminações relacionadas com a pedofilia 66
   B. Delimitação típica dos crimes contra menores de 14 anos 75
   C. As agravações pelo resultado 84
3. O tipo subjectivo de ilícito 86
   A. A exigência de elementos subjectivos especiais 86
   B. O consentimento do menor de 14 anos 88
   C. O erro sobre a idade ou consentimento do menor 94

4. A Comparticipação
   A. Limites à comparticipação: crimes de mão própria e crimes específicos 98
   B. Participação por omissão: os deveres especiais inerentes ao parentesco 98
   C. A comunicação das circunstâncias agravantes 123
5. O concurso de crimes 127
   A. Concurso entre as várias modalidades de crimes contra a liberdade e autodeterminação sexuais 128
      a) A prática de agressões de intensidade progressiva; 128
      b) A prática reiterada e sucessiva da mesma agressão 138
      c) Conclusões para o abuso sexual de crianças 141
      d) Abuso sexual e exibicionismo, pornografia ou pedopornografia 142
      e) Abuso sexual e lenocínio 144
   B. Concurso entre crimes contra a liberdade e autodeterminação sexual e outras incriminações 147
   C. Crime continuado 151

III. CONSIDERAÇÕES FINAIS 157

BIBLIOGRAFIA 159